アメブロ「妄想は世界を救う。」
かずみん

「頑《がん》張《ば》らない」で引き寄せる！

願いが叶う、ちょっとあほになる方法

ダイヤモンド社

ここは人通りが少ない、静かな街。

そこにひっそりと建っているのは、
引き寄せのお悩み解決事務所「ヒキヨセルーノ」。

「ヒキヨセルーノ」の扉を
ノックするのは、

「引き寄せがうまくいかない」
「どうしたらいいかわからない」

そんな悩みを抱えながらも、
ただ待っているだけじゃなく
自分から人生を切り開く
勇気を持っている人たち。

悩める人々を出迎えるのは、
言葉足らずな引き寄せ魔女と
冷静沈着な切れ者男子。

さあ、
あなたも「ヒキヨセルーノ」の扉を開けてみましょう。

はじめに

こんにちは、かずみんです。

いつも私のブログ「妄想は世界を救う。」を読んでくれているあなた、1冊目の著書『ありえない「妄想」でお金も恋も引き寄せる！』（秀和システム）を読んでくださったあなた、そして、はじめてこの本を手に取って読んでくれているあなた。本当にありがとうございます。

私のブログ「妄想は世界を救う。」をまだ見たことがない！　という人もいるかもしれませんので、少しご説明しますと、**「願いを叶えるために、ちょっとあほになることを推奨しているブログ」**です。

真面目にちゃんと「引き寄せ」のあれこれを実践するよりも、自分が幸せを感じる妄想をして、ほしいものすべてを手に入れることを皆様におすすめしています。

実際、私は妄想をしていたら恋が叶ってきましたし、お金もそれ以外のことも何でも引き寄せています。

今、幸せを感じること。
そしてちょっぴりあほになること！
それが、願いが叶う秘訣なのです！

私の元には、毎日たくさんのメッセージやコメントが届きます。

「願いが叶いました！」
「彼とお付き合いすることになりました！」
「本当に妄想が現実になりました！」

なんていう、うれしいメッセージから、

「助けてください」
「どうしたらいいのか、わかりません」

というメッセージまで。

そうなんです。
「引き寄せの法則」を知ったからといって、すぐに世界が変わるわけではありません。
待っているだけでは世界は変わらないし、誰もあなたの世界を変えてはくれません。
都合よく神様が現れるなんてこともないですしね！
（少なくとも私は、何かが見えたことも聞こえたこともありません）

もがきながらも、どうにか願いを叶えて幸せになりたいと、私のブログにコメントやメッセージを送ってくれる方や、この本を手に取ってくれた方。

これも、**自分の未来を変えたいという確かな決意であり、大きな一歩**です。

待っているだけで何もしないんじゃなくて、そんなふうに「自分の未来を変えたい」と積極的に動く。そんな人たちを少しでも応援したい気持ちから、この本を書きました。

この本の中でも、引き寄せがうまくいかずに悩むキャラクター、3＋1人が登場しますが、みんな私の中に住んでいるキャラクターです。

そう、私だっていまだにわからないことだらけだし、真面目で（え!?　めちゃくちゃ真面目なんですよ!?）、油断するとちゃんとしてしまうし、現実を見て落ち込むことだってしょっちゅうあるのです。

だけどほら！　毎日楽しいですよ！

そりゃ落ち込むこともあるし、イライラすることだってある。

だけど、ダメな部分があったって
引き寄せたいことを引き寄せられるし、願いは叶うのです。

頑張りすぎなくても、努力をしなくても、願いは叶います。
ただちょっと、意識を向ける方向を変えるだけ。

「頑張らなきゃ叶わない」という思いから、「叶う」にスイッチを切り替えるだけでいいんです。

ほら！　行きたいところに行って、欲しいものを買って、好きなものを食べて、大切な人が隣にいて、幸せそうに笑っているあなたを想像してみてください。

もしかしたら今の現実からは、そんな幸せそうな自分が想像できないっていう人もいるかもしれない。
だけど、少し先の未来は？

先のことなんて誰にもわからないのなら、信じてみてもいいじゃないですか。
だけど、叶わなかったら？
できなかったら？
やっぱりダメだったら？

大丈夫！

そりゃ不安になるのも当たり前。まずは、

「不安になって何が悪い！」

と開き直っておきましょう。

不安になって「望んでいないほう」に意識が向きそうになったら、

「そりゃそうだ」

と不安になる気持ちも受け入れて、自分をヨシヨシする。

そして、「ねえ、やっぱりこっちのほうがいいね」って、望むほうに意識を変えてみる。

「叶うといいね」
「叶ったら幸せだね」
「よかったね」

と言葉にしながら、幸せそうな自分の姿を思い浮かべて、「叶う」を選択していくんです。

そんなことを繰り返しながら、また夢を見て、またちょっとあほになって、また笑ってみてください。

今、咲いている花は目に見えなくても、きっと満開に咲き誇る日が来ます。

最後に、いつも応援してくれている家族と両親、友人Y、執筆のアドバイスをくださり大変お世話になったダイヤモンド社の酒巻さん、イラストを描いてくださった藤井昌子さん、本書に関わってくれたすべての皆様、私の人生を変えてくれた奥平亜美衣さん、そして何より、いつもブログを読んでくれている皆様と、この本を手に取ってくれたあなたに、心から御礼を申し上げます。

「頑《がん》張《ば》らない」で引き寄せる!／目次

第1章 遠慮は無用! 自分の本当の願いを知る 願望編……023

第2章

「頑張る」よりも、適当に、楽しく？ 行動編

第5章
願いを叶えるために、いい気分になるんじゃない
引き寄せ初心者あるある編

第6章

第7章

引き寄せのお悩み解決事務所「ヒキヨセルーノ」のスタッフ

嬉《うれ》・シーナ

気持ちはいつも28歳。「実はアラフォー世代じゃないですかね…?」これは相棒であるカナウくん談。バッチリメイクと露出度の高い服装が目を引くが、趣味はかなり地味。引き寄せの知識はかなり豊富だが、言葉よりも先に手が出てしまう。

今《いま》・カナウ

30歳を少し過ぎた頃らしい。言葉足らずなシーナさんを的確にフォローしてくれる頼もしき存在。キワどい服を着ていることが多いシーナさんを毎日目にしているが、カナウくんは「シーナさんは暑がりなんだな」としか思っていない様子。

第1章

遠慮は無用！自分の本当の願いを知る

願望編

ここは、とあるお悩み解決事務所「ヒキヨセルーノ」。
今日も「幸せになりたい」と、迷えるお方がやってきましたよ。
本日の相談者は、自分がどうなりたいのかわからない、
何をしたらいいのかわからない、
ワカラナイづくしのワカラ・ナイ子さん。

本日の相談者

ワカラ・ナイ子

恋愛経験ゼロのアラサー女子。夢見ることをあきらめてしまい、何もしない言い訳だけは一丁前タイプ。これといった趣味もなく、なんとなくテレビを見てスマホゲームをして時間が過ぎていく毎日。口癖は「めんどくさい」「どうせムリでしょ」。

「普通の幸せ」って、何？

ナイ子　こんにちは。

カナウ

ナイ子　ワカラ・ナイ子といいます。
いろいろなブログや本を見て引き寄せに興味を持ったんだけど……。

でも、何をしたらいいかわからないし、何もできないし。幸せになれるものならなりたいけど、結局このまま何も変わらないんだろうな～って思ったら、何をしたらいいのかがますますわからなくなっちゃって……。

カナウ わかりました。今、シーナさんも呼んできますので、少々お待ちくださいね。

……1分後。

カナウ すみません、シーナさんは今、「半沢○樹」のDVDを見ているそうで、終わったら来るそうです。

ナイ子 ちょっと世間よりブームが遅れてるな！　ってか、一応、今は仕事中じゃないの⁉

カナウ まあまあ。ところで、先ほど幸せになりたいとおっしゃっていましたが、具体的にはどんな願いがあるんですか？

ナイ子 そりゃまあ普通に幸せになりたいけど……どうせなれないし……。

シーナ

ナイ子　いきなりー⁉　てか、半〇直樹に思いっきし影響受けながら出てきた！

シーナ　普通の幸せって何⁉　普通にご飯食べて普通に働いて普通に結婚して普通に子供産むって⁉　それが当たり前で普通と思うなー！

ナイ子　さっそくキレられてるー⁉

シーナ　〇沢直樹なんてねえ、一生安泰だと言われていた銀行員よ！　それがあっちに敵、こっちにも敵……。もう見ていられなくって……。うっうっうっ……。

ナイ子　いや、ドラマの世界に入り込みすぎでしょ！　あれは作り話なの！

シーナ　作り話ですって⁉　**現実の世界だって自分がつくってる**じゃない！

ナイ子　……へ？

カナウ　ナイ子さん。最初にあなたは、「結局このまま何も変わらないと思ってる」と言っていましたね。この思いが見事に現実化してしまっているんですよ。

ナイ子　えっ⁉　何それ！

カナウ　「幸せになりたい」という願いはありながらも、「このまま何も変わらない」「どうせなれない」「引き寄せなんてない」。どこかにそんな思いがあり、**「願い」よりもその「思い」が現実化している**のです。

シーナ　やったわね！
引き寄せに成功してるじゃない！
おめでとう！
ひゅー‼

ナイ子　ハイタッチしている場合か！　っていうか、そんな引き寄せ、いらないんだけど！

シーナ　えー。せっかく引き寄せ成功しているのにねぇ。

ナイ子　私が願っているのは、そんなことじゃないの！

シーナ　じゃあ何よ～。普通にご飯食べて普通に便秘が治ること？

ナイ子　いや、便秘ってなに！　まあちょっと便秘気味だけど……。だから違うの！　私は幸せになりたいの！

シーナ　だーかーら――。**あんたの幸せは一体なんだっつってんの！**

ナイ子　だから言ってるでしょ！　……って、あれ？　私、「普通に幸せになりたい」しか言ってない？

カナウ　そのようですね。

シーナ　まったく、つまんないわねえ。自分の願いもわからない。どうなったら自分が幸せなのかもわからない。

ナイ子　う……（図星）。

シーナ　私の幸せは、好きなことを仕事にしてたっぷり稼いで、好きな時に好きなことをして、好きな格好をして、好きなところへ行って、自分らしく生きることとかしらねえ。

カナウ シーナさんの願いは全部叶っていますね。よかったですねえ。

シーナ ふふふ、まあねー♪

ナイ子 それはあなたが特別だからでしょ！　皆が皆、そんなふうに簡単に思い通りに生きられたらどんなにいいか。

シーナ 皆が皆、そんなふうに思い通りに生きられたら……。あなた今、そう言ったわね？　言ったわね？

ナイ子 言ったわよ。だってそうじゃない。

シーナ **みーんな自分の思い通りに生きてるの！**

ナイ子 どういうこと？

カナウ 解説いたしますね。

ある人は、「願いなんて叶えられない。私の人生はこんなもんだ」と思いながら生きています。その思い通りに願いはずっと叶えられず、「こんなもん」と呼べるような人生を、その人はこれからも生き続けます。

対してある人は、「私は人生を楽しむために生きている。これからも願いを叶えて、好きなことをして生きていこう」と思いながら生きています。そして、その「願い」と「思い」通りに人生を楽しみ、願いをどんどん叶え、好きなことをして生きていく人生を送っていくのです。

ナイ子　……ナイ子さん、何か気づかれましたか？
いいえ。この人がさっきから鼻歌歌ってるのが気になって。

カナウ　シーナさん、ちょっとだけ静かにしていただけると助かります。
先ほどの話はですね、「『願い』と『思い』は違う」ということです。

人は皆、自分の「思い」通りに生きている。
ナイ子さんは初めに「幸せになりたい」と言った。これは「願い」です。ですが、そのあとに「結局このまま何も変わらない」と言った。これは「思い」です。「今、ふと頭をよぎった」なんてレベルの思いではなく、ナイ子さんの今までの経験やさまざまな思いが積み重なって、「深い思い込み」になっている。

この「深い思い込み」がそのまま現実化しているわけです。だから皆、自分の「思い通り」に生きているんですよ。

ナイ子

思い込みだったら、そんな簡単に変えられないでしょ。だから結局、ずっとこのまんま、ってことね。なんかやる気なくした……。

シーナ

100倍返しよ――――!!!

ナイ子

いてー！

カナウ　シーナさん、暴力はお控えください。
　では、ナイ子さん、このまま何もしないで、今までと何も変わらない生活を送りますか？　選択肢を選ぶのはナイ子さん自身なんです。強制はいたしませんよ。

ナイ子　そ、そう言われるとちょっと寂しいっていうか……。やっぱり幸せになりたいし……。

カナウ　そうですか。それはよかった。**「願い」と「思い」が一致すれば、それは現実化していきます。**まずナイ子さんは、きちんと「願う」ことから始めたほうがいいかもしれませんね。

ナイ子　願う……。私はどうなったら、うれしいんだろ……。

引き寄せていたのは、実は叶っていない現実ばかり

カナウ　では、ナイ子さん。もしも想像した世界が現実になるっていう秘密道具がここにあったら、何をお願いしますか？

ナイ子　そうだなあ……。やっぱりお金持ちになって、素敵な彼氏が欲しいかなあ。

カナウ　何のためにお金が必要で、どうして彼氏が欲しいと思うんですか？

ナイ子　それはもちろん、彼がいないと寂しいし、つまんないし、今はお金がないから欲しいものも買えないし……。

シーナ　ちがーう‼

ナイ子　いてー！

カナウ　先ほど、「引き寄せは自分の『思い』が現実になる」と言いましたね。ナイ子さんは今、「彼がいないから寂しい、つまらない（だからその現実から逃れるために彼が欲しい）」「今お金がないから欲しいものを買えない（だからその現実から逃れるためにお金が欲しい）」と思っている。そしてまさにその通りの現実になっているのです。

不足感からくる願いは、「叶っていない今」に意識が向いているために、いつまでも「叶っていない現実」を引き寄せてしまい、願いが叶いにくいのですよ。

ナイ子　だって今、本当に毎日がつまらないんだもん。そんな日々に目を向けるなって言われたって、どうしても生活に追われるし……。

カナウ では、仕事が終わった後は何をして過ごされているんですか？

ナイ子 仕事の後？　別に何も。家に帰ってビール飲んでドラマ見て……。

シーナ ほら見てるじゃない、半○直樹――‼

ナイ子 半沢直○はもうだいぶ前に見たわ！

カナウ では、仕事の後は、お一人で自由に時間を使えるんですね。

ナイ子 うん、だって暇だし。

シーナ 部屋で一人でゴロゴロ好きなことができる。最高じゃない！

ナイ子 何言ってんのよ。それイヤミ？

シーナ 思いっきり本音だけど？　好きなことをして自由に過ごせる、ドラマも映画も一人で見放題、それにあなた、脱毛だってサボってるでしょう―‼

ナイ子 決めつけないでよ！　……まあ確かにちょっと手は抜いてるかもしれないけど……。

カナウ ……えー、脱毛の話は置いておいてですね。ナイ子さんは、一人の時間はＤＶＤを見たり本を読んだり、好きに使える。休日も自分が好きなように過ごせる。彼がいないからこその自由もあるのではないですか？

ナイ子 だって、一人でそうやって過ごすしかないじゃない。好きでそうしてるわけじゃないし。

カナウ いいえ、彼がいる、いないに関係なく、一人で自由に過ごせる時間がない方はたくさんいます。そして、それをストレスに感じる方もいる。今、ナイ子さんに自由な時間がなくなったら、どう思われますか？

ナイ子 一人はもう飽きた！　だから何とも思わないもん。

シーナ ウソつけー！

ナイ子 ええー?!

シーナ 自由な時間がなくなったら、なくなったで、あなたはまた文句を言うのよ！　やれ一人になりたい、やれ自由が欲しいだのって。そうやって、**いつもいつも不満ばかりを見つけ出す天才**なのよ！

ナイ子 なによ、その言い方！

シーナ 正直に言ってごらんなさい！　一人でビール飲んで、スナック菓子を食べて、寝そべってテレビを見る！　そんな生活を少しは楽しんでいるはずよ。半〇直樹も見放題じゃないのー！

ナイ子　半沢〇樹はもういいから！

カナウ　ナイ子さんが一人でさみしいと感じる気持ちも本当でしょう。しかし、自由で気楽という部分もある。

「ない」に目を向けるのではなく、少しでも **「悪くないな」「この部分は少しいいかもな」** と思える部分に目を向けてみてください。

そうすれば、「毎日がつまらない」だけではなくなるはずですよ。その上で、**「今の生活もそれほど悪くないけど、こうなったらもっと楽しいかも」** と思うことができれば、しめたものです。

ナイ子　ええー？　でもどうやって……。

カナウ　一人の生活もなかなか悪くない。だけど彼ができたからといって、自由がすべてなくなるわけではないですよね。

彼ができたら、一緒に食事をしたり、旅行に出かけたり、ただ部屋で一緒にのんびりと過ごしたり、そんな時間もきっと楽しいと思いますよ。

シーナ　そうね！　半沢〇樹を一緒に見るのもいいんじゃない？

ナイ子　いや、もうそれはいいから！　まあ、素敵な人と付き合って、そんなふうに過ごせたら楽しそうだけど……。

シーナ　で？　お金持ちになったらぐうたら過ごして、彼ができたらまた彼とぐうたら過ごすの？

ナイ子　ぐうたらぐうたら、うるさいわね！　そんなわけないでしょ！

シーナ　じゃあ、お金持ちになって彼をつくってどうなりたいのよ？

ナイ子　ええ？　そりゃあお金があったら欲しいものを買うし、行きたいところに行くし、やりたいこともやるだろうし……。

シーナ　で？　彼氏ができたら？

ナイ子　……まあ、一緒にどこか行ったりするんじゃない？

シーナ　で？　お金で欲しいものを買って、行きたいところに行って、やりたいことをやって、彼と一緒にどこかに行って、どうしたいの？

ナイ子　もう、めんどくさいなあ。

シーナ　100倍返しー‼

ナイ子　いてー！

まずは自分の願いをちゃんと知る

シーナ　ここからが大事なのよ！　いい⁉　半○直樹でいうと、半沢○樹のライバルが土下座する場面ぐらい大事よ！

ナイ子　ええー⁉　わかりやすいようなわかりにくいようなー！

カナウ　確かに大事なところですね。

ナイ子さん。お金持ちになって、彼氏ができたという願いが叶ったとして、ナイ子さんに心の変化はあると思われますか？

ナイ子　そりゃあねえ。今みたいに毎日つまんないばっかり言ってないだろうし、毎日楽しくてキラキラしていて、彼に愛し愛されて幸せで……。

シーナ　そう！　毎日楽しくてキラキラで幸せで⁉　そして⁉

ナイ子　なんか興奮してるな！　えーっと……ドキドキしたり？　ウキウキしたり？

シーナ　そうー！　ドキドキしてウキウキして、そして⁉

ナイ子　えー!?　……彼氏ができたことなんてないから、わかんない……。

カナウ　ドキドキやウキウキの恋のときめき。そして彼に愛されて、大切にされているという満足感。彼がいるだけで世界が輝いて見えるような幸福感。

ナイ子さんが感じたいのはこんな気持ちではないですか？

ナイ子　ああ……そう言われるとそうかな。

シーナ　それよー!!

ナイ子　ぎゃー！

カナウ　シーナさん、急に至近距離で人を指差すのは危険ですので、やめましょうね。

ナイ子　そうよ！　びっくりするじゃない！

シーナ　そうなのよ！　キラキラでドキドキでウキウキでホッとする幸福感なの！

ナイ子　……はい？

カナウ　……解説いたします。

先ほどナイ子さんは、「お金持ちになって素敵な彼氏が欲しい」とおっしゃっていました。お金持ちになっても、そのお金を自由に使えなかったら楽しくも何ともない。**「ただお金が欲しい」ではなく、「好きなものを買いたい」「旅行に行きたい」「おいしいものが食べたい」という具体的な〝やりたいこと〟があるはずです。**そうですね？

ナイ子 うん、まあね。

カナウ そして、好きなものを買ったら？　好きな場所へ旅行に行けたら、ナイ子さんはどう思われますか？

ナイ子 ……まあうれしいんじゃない？

シーナ そうよ！　うれしいし、楽しいよね！

カナウ 「素敵な彼氏が欲しい」という願いも、本当のところは「素敵な人と楽しい時間を過ごして喜びを感じたい」「愛されて、幸福感や安心感に包まれたい」、そのような願いではないですか？

ナイ子 そりゃそうよ。彼氏が欲しいって、そういうことじゃない？

シーナ いーいーえ！　違うわね。

ナイ子 何がよ？

シーナ あなた、「彼氏が欲しい」としか言ってなかったじゃない。

ナイ子 ぎくっ……。

シーナ 何かを変えようともしないで！　何が欲しいかもわからないで！

ナイ子 ぎくっぎくっ……。

シーナ でも、もう何が欲しいかがわかったわね！　キラキラのドキドキにウキウキの幸福感よ！

ナイ子 そう、キラキラにウキウキの……！　……って、そうだっけ？

カナウ **「感情」なんです**、ナイ子さん。

願いは、「お金を手に入れる」「彼氏ができる」ことじゃない。その願いが叶うことによって、その先に自分が感じる「うれしい」「楽しい」「幸せ」「安心する」という感情を味わいたいから、人は何かを欲しいと願うのです。

お金を手に入れて、その先何をして、どんな感情を感じたいのか。彼氏ができたら、彼とどんな関係を築きたいのか。それによって自分はどんな感情を味わいたいのか。そこまで考えてみてください。

ナイ子 うーん、めんどくさ……。

10000
10000
お金持ちになる
10000
10000
彼氏ができる
「願い」の
先にあるものは……
「うれしい」「楽しい」
「幸せ」「安心」
という"感情"

シーナ （じろっ…）

カナウ シーナさん、お客様をそのような目でにらむのはやめましょうね。面倒だと感じるでしょうが、そこまで自分の願いを掘り下げてみる。そして、**願いが叶う前の「今」から、その感情を先取りしていくんです。そうすればまた、その感情を味わえるような出来事が現実に起こってくるんですよ。**

ナイ子 叶う前から？ 叶っていないのにそんなことできない！

カナウ 先ほど、「一人の自由な時間がある」とおっしゃっていましたね。それも、「一人だから仕方なく」ではなく、**積極的に一人の時間を楽しんでいくんです。**

ナイ子 積極的に？

シーナ どーせあなた、ぼーっとテレビ見て、ぼーっとスマホのゲームでもしてるんでしょ？

ナイ子 ぎくっ……。

カナウ **なんとなく時間を過ごすのではなくて、今、自分が何をしたら「うれし**

い」と思うのか。何を食べたら「幸せ」と感じるのか。

恋のときめきが欲しいと思うのなら、ラブストーリーを見て「素敵だな」と胸を躍らせてみる。

お金持ちになって優雅な気分を味わいたいのなら、いつもより少し高いコーヒーをゆっくりと飲んでみる。

そんな時間を増やしてみてください。

ナイ子　うーん。それなら少しはできそうだけど……。

シーナ　で？　彼氏はどんな人がいいの？　イケメン？　モデル体型？　料理好き？

ナイ子　そんな高望みしても無理に決まってるじゃない！

シーナ　この、あんぽんたーん！

ナイ子　ええー‼

カナウ　**まずは、しっかりと願うことが大事なんですよ。**叶うか叶わないか、できるかできないかを気にして、願うことすらしない人が多い。だから、なんとなく流されるままに生きているだけになってしまうんです。

せっかくなので、どんな人とお付き合いがしたいか、しっかりと願ってみませんか？

シーナ　**「この辺なら叶いそう」じゃなくて、「これがいい！」を願うのよ！**

ナイ子　でも、しっかりと願うってどうやって……。

シーナ　はい、これ♡

ナイ子　紙とペン？

カナウ　はい。「願う」というのは、頭の中で「こうなったらいいな」と思い浮かべてみたり、紙やノートに願いを書いて意思表明をすることです。
　私もシーナさんもナイ子さんが書いたものを見たりしませんので、好きなように自由に書いてみてください。

ナイ子　うん、わかった……。

〜ナイ子の心の中〜

笑顔が素敵なイケメン……いやいや、あんまりぜいたく言っちゃいけない！　……あ、遠慮する必要はないんだったか……。

イケメン、適度な筋肉、笑顔が優しい、一緒にいてホッとする、アウトドアよりもインドア派、わりと家が近く、ちょっぴり知的なところがある……。

……書いているうちに、どんどん理想の彼氏像ができあがってきたナイ子。

「一人にやにや」で効果アップ！

ナイ子　まあまあ書けたかな。

シーナ　全然ダメー‼

ナイ子　なんでー⁉

シーナ　中身がどうのこうのはいいの。あなたねえ、理想の彼氏リストを書いていた時、眉間にシワが寄ってブスだったわよ。

ナイ子　ブスって、はっきり言わないでよ！

シーナ　せっかく楽しいことを書いてるんだからさあ、にやにや、にやにやしなさいよ。

ナイ子 一人でにやにやしてたら気持ち悪いじゃない！

カナウ いいえ、それが大事なんですよ。「自分の叶えたいことを紙に書く」というのは、立派な引き寄せ方法です。

妄想やイメージングをする、欲しいものや行きたい場所の写真を貼る。ただその行為をするだけではなく、**感情を乗せてにやにやすると効果は倍増なんですよ。**

シーナ そうよ！　にやにや、にやにやするの！

カナウ ですが、にやにやしようと頑張りすぎる必要もありません。**夢中で書いている時間は、それだけで「叶えたいこと」に意識が向いています。**それには今の現実に不満を持っている時間より、ずっといい引き寄せ効果があるんですよ。

時々このリストを読み返すのもいいですし、このような彼と出会ったら何がしたいか、どこに行きたいかを付け加えてみるのもいいですね。

ナイ子 紙に書くことくらいなら、できるかなあ……。

でも、本当にこれで叶うの？

シーナ　このバカチンがー！

ナイ子　いたー！

シーナ　叶うか叶わないかじゃない、って言ってるでしょ！　文句ばっかり言ってないで、まずはやってみなさいよ。

カナウ　ええ、まずは「やってみる」ことが大事ですね。
自分が何を願っているのかを知り、願いが叶った自分はどう感じているかと考える。その感情は「うれしい」や「幸せ」でしたね。その**「うれしい」「楽しい」を感じる時間を少しでも増やしていく。**

シーナ　幸せがやってくるのを待っているだけじゃダメよ。自分から「幸せになろう」と決めて、ちゃーんと自分を幸せにしていくの。
自分の願いを知って、叶ったつもりでにやにやしていたら、彼氏もできてお金もやってくるわ。一人寂しい毎日も、貧乏生活も今だけよ。せっかくだから寂しい貧乏生活を思いっきり楽しんでおきなさい！

ナイ子　一人寂しい貧乏って決めつけるなー！（まあ当たっちゃってるけど……）

かずみんよりひと言

自分が長く感じていることを引き寄せるのが引き寄せの法則です！

まったく、シーナさんったら乱暴ですよね〜。

だけど、言っていることは本当なんですよ！

「この願いなら叶いそう」と、現実を考慮する必要はないんです。

現実はひとまず横に置いておいて、自分の本心からの「叶えたい！」を願いましょう。

それには、「自分の本当の望みを知る」ことが何より大切です。

誰かの真似じゃなくて、自分だけの幸せ像。自分だけのお金持ち像。

自分だけのなりたい私像。

そんなものを見つけ出してください。

みんながみんな、タワーマンションに住みたいわけではありません。

Ｗｉ－Ｆｉがつながらなくても、自然に囲まれた静かな場所で暮らすことに幸せを
感じる人だっているし、多少騒がしくても、交通の便がよくて近くにコンビニもあって、

何でもそろうような場所で暮らしたいと願う人もいる。

「バリバリ働きたい」と願うのも、「毎日ぼーっと過ごしたい」と願うのも、「適度に仕事をして適度に遊びたい」と願うのも、自由なのです。


恋愛だってそうですよ！

彼と手をつないで歩きたいのか、腕を組んで歩きたいのか、触れるか触れないかのドキドキのラインを保つのがたまらないのか。

妄想も、人によって「胸キュンポイント」は違います。

妄想した時に胸がキュンとするのは彼の顔を思い浮かべた時なのか、彼の声を思い出した時なのか、彼の胸板を思い浮かべた時なのか。

はたまた妄想のシーンは、そっと手と手が触れた、そんな瞬間の妄想にキュンとくるのか、抱きしめられている妄想にキュンとくるのか、もっとオトナの生々しい妄想にキュンとくるのか。


「願い」に正解はないし、「幸せ」にも正解はないし、「妄想」にも正解はありません。

「自分の本当の望みを知る」ために、

「自分はどういうものが好きか」

「どういうものに胸がキューン!! とするのか」

といったことに、日頃からアンテナを張り巡らせてください。

1万人いて9999人が「これヤダ」と言ったとしても、
自分が「これが好き」と感じたら、それが正解なんです。

他人の言葉や、世間一般の声、常識に惑わされないでくださいね！

そんなふうにして見つけた「自分の願い」や「自分の好き」を、

「どうせ私の願いなんかどうでもいいし」

「別に自分の好きなものを選べなくてもいいや」

と雑に扱ったりしないで、大切にしてあげてくださいね。


地味でもいいし、ささやかでもいい。

自分が幸せを感じるなら、それこそが本当の「自分の幸せ」です。

では、「自分の幸せ」を見つけて、それが叶ったとしたら、どんな気分になるでしょう？

うれしい？
楽しい？
にやにやが止まらない？
自由を感じる？
ホッとする？
安心感に包まれる？
目に映るものすべてがキラキラして見える？
これらぜーんぶ？

では今！　その感情を連れてきてください！

「うれしい」を感じたいなら、日々の生活の中で「自分が一番うれしいと感じそうなこと・もの」を選んでいく。

「自由」もそうです。自分が「自由」を感じるものを選ぶ。「安心感」なら自分がホッとすること・ものを選んでいく。

日頃から、自分の「好き」を選んでいく。

「これやりたい」「これが食べたい」「あそこへ行きたい」という自分の日々の願いを叶えていく。

願いを叶えた自分はちゃんと、「うれしいな」「楽しい――！」「あ～ホッとする」という感情をしっかり感じています。

「こんなことして、何が変わるの？」と言いたくなるような、そんな小さな積み重ねが未来を変えていくのですよ！

「めんどくさい」とか言わない！

とりあえず、『やってみる』です!!

ちょっとあほになる

他人の言葉や常識は関係ない！「自分の願い」「自分の好き」を遠慮しないで叶えよう

第2章

「頑張る」よりも、適当に、楽しく？

行動編

ここは、とあるお悩み解決事務所「ヒキヨセルーノ」。
今日も「幸せになりたい」と、迷えるお方がやってきましたよ。
仕事を真面目に頑張っているけど、出世するのは要領がいい同僚たち。
本日の相談者は、いくら転職をして職場が変わっても、
待っている現実はいつも変わらない真面目・スギルくん。

真面目・スギル

心優しく真面目が取り柄の30代男子。その真面目っぷりが暴走して、言動が裏目に出てしまうタイプ。おばあちゃんが作ってくれるおはぎが大好物。パジャマのシャツはズボンにインしないと眠れない。無駄に字が綺麗。

「頑張る毎日」を引き寄せてまーす♡

スギル　こ、こんにちは……。

カナウ　ようこそ、ヒキヨセルーノへ。

スギル　真面目・スギルといいます。あの、僕は今の現実を変えたいんです。引き寄せの本を読んで、毎日いろいろなことを頑張っているんですが、何も変わらなくて。まだまだ頑張りが足りないのかなと思って、今日はここに勉強しにきました！

カナウ　はい。ゆっくりお話をうかがいますので、シーナさんも呼んできますね。少々お待ちください。

……１分後。

カナウ　すみません、シーナさんは今、「踊る大○査線」のＤＶＤを見ているそうで、終わったら来るそうです。

スギル 微妙に古くありませんー⁉

カナウ 私がおうかがいしますので、大丈夫ですよ。先ほど、今の現実を変えたいとおっしゃっていましたが、詳しく教えていただけますか。

スギル は、はい。僕は、真面目しか取り柄がないんです。仕事も一生懸命やってるけど、いつもドジをして上司に叱られてばかり。出世していくのはそれをあざ笑う同僚たち。そんな情けない自分を変えたくて……。

シーナ

本当に出世したければ、
頑張って
出世しなさいよ！
バーン

スギル　そ、そんな簡単に言いますけど……。っていうか急に出てきた！

カナウ　スギルさんは引き寄せの本を読んでいろいろ実践しているとおっしゃっていましたが、例えばどんなことを？

スギル　はい！　全部やっています！

カナウ　全部……ですか？

スギル　はい。アファメーションに、妄想に、感謝ノートに……。

カナウ　あ、これがそのノートです。

拝見いたします。

……「出世をしてお金持ちになりました！　ありがとうございます」

……同じ文章が何ページにもわたってびっしりと書いてありますね。

シーナ　マニュアル通りのアファメーションって感じね！

スギル　はい！　毎日１００個は書いています！

カナウ　１００個…………ですか。

シーナ　無駄にがむしゃらって感じね！

スギル　願いを言葉にしたり、ノートに書いたりしたら叶うんですよね？

シーナ　そうか、100個じゃ足りないんですね！　じゃあ毎日200個……。

スギル　ちょっと待て、がむしゃらオトコ――‼

シーナ　がむしゃらオトコー⁉

スギル　**ただ数をこなせば叶うってもんじゃないの！**

カナウ　そ、そんな！　だって、引き寄せで願いは叶うって……！　だから僕はこんなに頑張ってるのに！

スギル　引き寄せの法則は、願いを叶えるための法則ではないのですよ。頑張ったから願いが叶うというわけでもない。**引き寄せの法則で引き寄せるのは、「今、自分が感じている自分の感情」です。**

カナウ　自分の感情……？

スギル　アファメーションや感謝ノートを書いている時、スギルさんは楽しいですか？

カナウ　いえ、別に……。

スギル　願いを叶えるために**「やらなきゃ」**という気持ちだけでやってはいませんか？

スギル ああ……確かに！　毎日やらないと、今までやってきたことが無駄になって願いが叶わないんじゃないかと思ってしまって……。

シーナ あなた、引き寄せ成功してるわよ。

スギル ええっ⁉　どんなことが成功していますか？

シーナ あなたの意識はどこに向いてる？
「幸せになること」？
「仕事で成功すること」？
「お金持ちになること」？
さあ、どーれだ♪

スギル はい、全部です！

シーナ 違うわ、真面目オトコー!!!

スギル 今度は真面目オトコー⁉

シーナ あなたの意識は、「引き寄せるために頑張る」ことにしか向いてない。
だから、**あなたは「引き寄せるために頑張り続ける毎日」を引き寄せてる**のよ！

引き寄せ成功ね！　おめでとう！

スギル　ハイタッチ♪

って、いえいえ！　僕はそんなことを引き寄せたいんじゃないし、全然うれしくありません！

カナウ　〝何に意識を向けるか〟は、引き寄せでとても大事なポイントです。

スギルさんは、**「願いを叶えて幸せになること」よりも「引き寄せるために行動すること」に一生懸命になっているのではありませんか？**

スギル　引き寄せるために行動……？　だって、アファメーションや妄想をしたら願いは叶うって！ 実際に願いが叶ったこともあるんですよ！

シーナ あら。何がうまくいったの？

スギル 転職したい！ と願っていたら転職できたんです！ それも2回も！

カナウ ほう。転職ですか。

シーナ 何？ 転職が趣味なの？

スギル ま、まさか！ 仕事もきつくて、人間関係もあまりよくなくて……。だから「転職するぞ！」って、ノートに書いていたんです。そうしたら叶いました！

カナウ そして、望み通りの仕事に就《つ》けたのですか？

スギル いえ……。その次の会社でも残業は押し付けられるし、人間関係もまたうまくいかなくて……。そしてまた転職して、今の会社に入りました。すごいでしょう!? 2回も転職の願いが叶っているんですよ！

カナウ ですが、今の会社でもお望み通りの仕事をされている感じではなさそうですね。

スギル はい。なぜか職場が変わっても、いつも同じようなことの繰り返しで

カナウ ……。せっかく願いが叶っているのに……。

スギル スギルさん。あなたの願いは、「転職すること」ですか？

ち、違いますよ！ 僕はただ、うまくいかない毎日を変えたくて転職を

……。だけど、どこに行っても同じで……。

シーナ そりゃそうよ。ただがむしゃらに行動してるだけの、がむしゃらオトコだもの！

スギル また言われた……！

カナウ 「転職したい」という願いは叶う。だけど、根本的な願いは叶っていないんです。

スギル 根本的な願い……ですか？

カナウ スギルさんの本当の願いは、転職ではないのです。ところが、本当の願いがわからないままに、ただ今の現実から逃れるために転職を願い、そして転職が叶った。一見、願いは叶ったように思えますが、**「今の職場が嫌だ」という感情を持ったまま行動しているから、環境が変わってもまた同じような現実を引き寄せてしまうのです。**

シーナ　そう！　これも引き寄せが成功している証拠よ！

スギル　えっ⁉　僕はそんなことは願ってません！

シーナ　あのねー、むやみやたらに行動すればいいってもんじゃないからね。

カナウ　願いを叶えようと、ただやみくもに引き寄せを実践していても「楽しい」という気分にはなりませんね。引き寄せは今感じている感情と似たような現実をまた引き寄せますから、**楽しくもないのにやっていると、「つまらない」という感情になってしまう。**そして現実も、つまらないと感じる毎日が繰り返されてしまうのです。

スギル　僕はやってますよ！　一生懸命！

シーナ　**ちがーう！**

スギル　いきなりビンター⁉

その願いの「主語」は誰？

カナウ　シーナさんはすぐ手が出てしまうもので、申し訳ございません。

スギル　い、痛いんですけど！

シーナ　一生懸命やったからって叶うんじゃないの！　**引き寄せは楽しまなきゃ！**

スギル　た、楽しむ……？

カナウ　はい。引き寄せるのは「感情」や「波動」といったものです。いくら引き寄せを実践しようと行動していても、**「楽しい」という波動が乗っていないと楽しい現実はやってこないのですよ。**

スギル　感情？　波動？　そんなこと、どうやってできるんですか？

シーナ　あなた、本気で願ってないんじゃないの？

スギル　本気で？　僕はいつも真剣ですよ！

シーナ　ええ、そうね！　「引き寄せるために頑張ること」に真剣よね！

カナウ　スギルさんは妄想もされているとおっしゃっていましたが、例えばどんな妄想を？

スギル　結婚して、奥さんと子供とマイホームで暮らしているところですかね。

カナウ　結婚？　スギルさん、彼女がいらっしゃるんですか？

スギル　い、いいえ、いないんです！　いないんですけど、でもいつか結婚できたらいいなって……。

カナウ　どうしてそう思われるんですか？

スギル　田舎のおばあちゃんが……「早くスギルの子供の顔が見たいねえ」なんて言うもんですから……。

シーナ　**主語が他人オトコ……。**

スギル　え？　主語が他人？

シーナ　周りが「毒キノコは体にとってもいいよ！」って言ったら、毒キノコ食べるの？　おばあちゃんが「崖から飛び降りろ」って言ったら、飛び降りるの？

スギル　そんなわけないじゃないですか、スーパーマ◯オじゃないんだから、死んじゃいますよ！

シーナ　マ◯オだって、毒キノコ食べて崖から飛び降りたら死ぬわー‼

スギル　ごもっともですー！

カナウ　誰かに何かを言われたとしても、それをやるかやらないか、決めるのは自分です。

スギルさんは、周りが出世していくから自分も出世したいと思った。そしておばあさまが結婚してほしいと言うから、自分も結婚したいと思われたのですね。

シーナ　がむしゃらオトコに、真面目オトコに、主語が他人オトコ。三冠王ね！

スギル　いや、何の三冠王なんですか！

カナウ　同僚が出世するから、おばあさまが言うから、ではなくて、スギルさんの本当のお気持ちはどうなんですか？

スギル　僕の本当の気持ち……？

カナウ　はい。スギルさんは本当に出世したいですか？　本当に結婚したいですか？

スギル　……うーん……。

カナウ　じっくり考えてみてください。

スギル　僕は出世は……それほど興味がないかもしれません。

カナウ　そうですか。では、スギルさんの本当の願いは何だと思いますか？

スギル　本当の願い……？

カナウ　はい。スギルさんが本当に願っていることです。

スギル　本当の願いは、皆が笑顔で幸せな世の中で……。

シーナ　真面目かー‼

スギル　はい、真面目です、すみませんー‼

シーナ　そんな優等生的な答えは、いらーん！

スギル　なんかスミマセンー！

カナウ　いえ、素敵な願いではないですか。スギルさん個人としては？　何か願いはないですか？

スギル　僕は……出世よりも、好きな仕事がしたいのかもしれません。僕はおばあちゃんっ子だったから、お年寄りと話をするのが好きで。だから本当は福祉の仕事に興味があって……。

カナウ　素敵なお仕事ではないですか。

スギル　だけど……！　みんな大変そうな仕事だって言うから……。

シーナ　出たわね！　また主語が他人オトコー！

スギル　ひー！

シーナ　あなたの仕事をするのは、周りの誰かなの？　あなたなの？

スギル　ぼ、僕です！

シーナ　じゃあ、あなたがする仕事はあなたが選びなさいよ。誰も代わりにやってはくれないわよ？

スギル　だけど、大変そうなのは本当だから、やっていけるか自信もなくて……。

カナウ　好きな仕事をしていない今だって、大変なのではないですか？

スギル　あ、ああ……。そうですね。今も大変な思いばかりしてます。

カナウ　それならば、同じ大変な思いをするのなら、好きな仕事をしているほうがいいじゃありませんか。それに、その仕事が好きでやりがいを感じていれば、周りからは大変そうに見えても、ご本人は楽しみながらお仕事できるのではないでしょうか。

スギル　楽しみながら……。そうかもしれませんね。

シーナ　**自分の「好き」「やりたい」を選ぶのよ！**

カナウ　そうですね。スギルさんは本当に、福祉の仕事をしたいと望まれますか？

スギル　は……はい！　大変かもしれないけど……いえ、大変そうだからこそ、やりたい仕事です！

カナウ　そうですか。では、その仕事をして生き生きと過ごしているスギルさんの姿を思い浮かべてみてください。どうですか？　浮かびますか？

スギル　うーん……なんとなくですけど。ただ、ぼんやりと出世をイメージしていた時より映像が浮かびます！

カナウ　どうですか？　イメージしてみて楽しいですか？

スギル　はい！　本当にこうなったらいいなあ、って思います！

シーナ　それよー‼

頭に思い浮かべてみて、楽しい。なんだかにやにやする。

大事なのはそれよ！

スギル　ああ……！　確かに今までは、「イメージングしなきゃ」「妄想しなきゃ」という気持ちだけでやっていたような気がします……！

カナウ　妄想も、現実になるのは「妄想の内容（頭に思い浮かべたこと）」ではないんです。**妄想しながら自分が感じている「幸せだな」「うれしいな」という感情に見合った現実が、またやってくるんですよ。**

シーナ　で？　次はどうすんの？

小さなことから始めよう

スギル　え？　次……ですか？

シーナ　寝て妄想してるだけで、願いを叶えるつもりかー‼

スギル　いえ、そんなつもりはまったくー！

カナウ　引き寄せではよく、手段を考える必要はないと言われていますね。願いが叶った自分の姿だけを妄想していれば、願いは勝手に叶うと。
それが事実の部分もあるんですが、スギルさんの場合は妄想以外にもできることがありそうですね。

スギル　できること……ですか？

カナウ　はい。望みのお仕事に就くために、何かできることはありませんか？

スギル　ああ！　勉強して資格を取って……ですかね。

カナウ　そうですね。その資格についてすぐにネットで調べてみたり、資格を取るために参考書を買ってきたり。今すぐにできる具体的な行動がありそうですね。

シーナ　宝くじを当てたきゃ、宝くじを買う。
旅行に行きたきゃ、ガイドブックを買う、よ！

カナウ　行動って、それぐらい簡単なことからでいいんですよ。

スギル　そうなんですか？　アファメーションは２００回書かなくてもいいんで

しょうか……。

シーナ　いらーん！！

スギル　やっぱり、いりませんかー！

カナウ　アファメーションを毎日200回書いて、本当にワクワクする気持ちになる人なら、この方法もいいでしょう。

しかし、**負担になってしまうなら、やらないほうがましです。**自分が楽しいと思えることをして過ごしたほうが、よっぽど引き寄せ効果があるんですよ。

スギル　楽しいこと、ですか？

シーナ　昔のＤＶＤを見る！　お気に入りの入浴剤を入れてゆっくりお風呂♡

カナウ　それはシーナさんの趣味ですね。

スギルさんは何をしている時が楽しいですか？

スギル　僕は読書が……。だけど引き寄せを知ってから、アファメーションや妄想で忙しくて、なかなか読む時間がなかったんです。

シーナ　もったいないわねぇ。

カナウ　**「やらなきゃ」という気持ちで引き寄せを実践しても、いい現実は引き寄せられないんです。**
夢中になれる趣味や特技があるなら、そちらの時間のほうを大切にしてください。

スギル　えっ⁉　それで願いは叶うんですか⁉

カナウ　叶いますよ。「頑張らなきゃ願いは叶わない」「努力しなきゃ引き寄せられない」とスギルさんが勝手に思い込んでいただけなのです。
願いを放った後は、「楽しい」「うれしい」という気分を大切にして過ごしてみてください。そういえば、最近あったうれしいことは何ですか？

スギル　うれしいこと……ですか？

シーナ　はーい！　卵の黄身が２個入ってたことー！

カナウ　それはラッキーですねぇ。

シーナ　でしょー♪

スギル　そんな小さなことでですか？

シーナ　黙れー！　幸せに大きいも小さいもなーい！

スギル　幸せ……に？

カナウ　**どんなささやかに思える喜びでも幸せでも、それを感じるほど、また大きな幸せがやってきてくれます。**

スギル　仕事帰りにいいタイミングで電車が来たとか、信号が全部青だったなんてことはありませんか？

シーナ　ああ、たまにあります。だけど、そんなこと気にも留めてなかった……。

スギル　ダメねえ。**せっかく宇宙が応援してくれているのに。**

シーナ　それぐらいで宇宙が応援なんて、大げさな。

スギル　ばかもーん‼

シーナ　いてー！

スギル　人生は、自分の思いでできているの！　好きなように思ったもの勝ちよ！

カナウ　どんなささやかなことでも、自分で「うまくいっている」と思えば本当にその通りに進んでくれるものなんですよ。

数字のゾロ目を見たり、テレビをつけたら偶然、願いに関係する言葉や映像が流れてくるなんてこともありますね。**これらをただの偶然だとは思わず、「引き寄せ力がアップしているんだ」と捉えてみてください。ノートにメモしていくのもいいですよ。**

スギル　うーん……うれしかったことのメモでいいのなら、ただむやみにアファメーションを書くよりも続けられそうです。

カナウ　現実は急には変わらないかもしれません。だからもどかしく感じることもあるかもしれないけど、それでも確実に変わっていきます。楽しみながら続けるようにしてみてくださいね。

スギル　はい、なりたい自分になっている僕の未来の姿を妄想してみます！

シーナ　**大事なのは、「適当」よ！**

スギル　「適当」ですか⁉

シーナ　そう。真面目にやりすぎて、結局続かないのはダメね！　ゆる〜くでもいいから、続けてみることが大切なの。

カナウ　そうですね。できないことややりたくないことを無理して続けるよりも、できることから始めてみてください。

スギル　はい！　まずは希望の仕事に就くために、勉強を始めてみます！

シーナ　がむしゃらな行動じゃなくて、びしーっ！　と願いに狙いを定めた行動よ！

カナウ　引き寄せでは願いが叶った姿だけを妄想して、あとは宇宙におまかせして手段を考えなくていい場合もありますが、何かできることや、やるべきことがあるなら行動は大事ですからね。

スギル　はい！　やるべきことがわかったのでスッキリしました！

シーナ　そうね！　**地道にコツコツやっていくのよ！**

スギル　シーナさん、〝地道にコツコツ〟という言葉が似合わないですね！

シーナ　なんか言ったー!?

スギル　いえ、何も……。

かずみんよりひと言

「ちょっとしたこと」が未来を大きく変える

やれやれ、シーナさんはまた暴力的でしたね！

ですが、スギルくんも「自分の本当の望み」を知ることができたようです。よかったですねえ！

さて、スギルくんは「幸せになること」よりも、「引き寄せるために頑張ること」に意識が向いていたようですが、皆さんはどうでしょうか？　スギルくんと同じことをしているという人、手を挙げて！

はい、今手を挙げた人！

正直で素晴らしい！

アファメーションをすれば願いが叶うと聞けば、アファメーションをやる。

妄想したら願いが叶うと聞けば、妄想する。
何でもやってみる精神は素晴らしいですよ！　だけど、イヤイヤやっていても意味はありません。

自分の目の前に現れる現実は、「自分が感じている感情」が何らかの形や出来事に変化したものです。

特に、より長く心の中にすみ着いている感情や、頻繁に感じている感情ほど、「自分が体験する出来事」としてまた再び現実化しやすくなります。

イライラしていたら、イライラするような出来事がまた次から次とやって来て、「あーもー！　キーッ！」となったり、心配していたら、どんどん心配事の妄想がふくらんでドツボにハマる……ということがありますよね。

アファメーションや妄想といった行動をしていても、「つまんない」と感じていたら、引き寄せるのは「つまんない」と感じる現実です。
それでは元も子もありません。
たとえ仕事や家事などの「つまんない」と感じる行動であっても、

その先にある給与明細や、
家を綺麗に保つというすっきり感に達成感！
そんなご褒美《ほうび》を楽しみにやってみるのです。

引き寄せだって、そう。
イヤイヤやるよりも、その先のご褒美を楽しみに、やってみましょうね。
それには

「できないこと」を無理して続けるよりも、
「できること」をやる！

妄想していなくてもアファメーションで願いが叶う人はいるし、ノートに願いを書かなくても妄想だけで願いが叶う人もいます。

とにかく、大事なのは自分が楽しむこと。

自分に合った引き寄せ方法は人それぞれ。正解は、人の数だけあるのです。

そして大事なのは、その自分に合った方法を「続ける」こと！

気が向いた時だけやって「なかなか現実が変わらない」と嘆いている気まぐれさーん！　手を挙げてー！


はい、今手を挙げた人！

正直で素晴らしい！

うまくいっている時は世界がキラキラしているように見えて、「引き寄せってスゴーイ！」なんて言っちゃうのに、1つのことがうまくいかなくなると「もう私なんてダメダメだ……」なんて何もかもを投げ出してしまう。

いえ、そういう時期があることも確かですよ。

私だって落ち込んだ時は、部屋の隅っこでイジイジしてますもん！

だけど、どんな時でも発動しているのが引き寄せの法則です。

いつもいつも晴れているわけではなくて、雨が降ることもあれば雪が降ることもある。
それでもどんなに雲がぶ厚くても、その上で太陽は輝いています。

ほら、いいこと言った！

苦しい時も、辛い時も、自分が幸せになることをあきらめないでください。

どうしても疲れた時は、ふて寝！
サウナでスカーッと汗をかく！
「うわあああん！」と泣く！

ほら、少しスッキリしたでしょう！
そうしたらまた、自分の願いに素直になりましょう。

「ちょっとした行動の変化」「ちょっとした習慣の変化」が、未来を大きく変えてくれるのです。
「読んで知っただけ」では意味がないですよ。自分が今、幸せを感じるための行動を「地味にコツコツ」続けましょう！

ちょっとあほになる

苦しい時や辛い時は、「少しでもラクになること」をすればよし！

第3章

願っているつもりで、実は現実ばっかり見ていない？

意識編

ここは、とあるお悩み解決事務所「ヒキヨセルーノ」。
今日も「幸せになりたい」と、迷えるお方がやってきましたよ。
本日の相談者は、憧れの彼との恋を叶えるために
引き寄せを実践している現実・ミルコさん。
ところが、現実はなかなか変わらない……。

本日の相談者

現実・ミルコ

自称・妄想上手で恋多き女。可愛い雑貨やスイーツが好きな今どき女子。しかし、自分が幸せになることを受け入れられないクセがあり、いつも同じパターンで恋が終わってしまう。ＳＮＳでは気になる彼の情報収集に執念を燃やす。

彼のＳＮＳが気になる……

ミルコ　こんにちは～。

カナウ　ようこそ、ヒキヨセルーノへ。

ミルコ　現実・ミルコです。私、職場に好きな彼がいるんです～。それでいつも妄想してるんですけど～。全然叶わないし、うまくいくどころかどんどん彼が遠ざかっていってるっていうか～。

カナウ　わかりました。くわしくお話をおうかがいしますので、シーナさんも呼んできます。少々お待ちくださいね。

……１分後。

カナウ　すみません、シーナさんは今、「家な○子」のＤＶＤを見ているそうで、終わったら来るそうです。

ミルコ　やだー！　けっこう古いやつ見てるー！

カナウ　ところで、ミルコさんは好きな彼がいらっしゃるのですね。

ミルコ　そうなんですー！　もう好きになって1年ほど経つんだけど～。彼から全然メールも来ないし、誘われないし、しかも最近、彼女ができたなんてウワサもあってー。

シーナ　で？　彼からメールもお誘いも来ないけど、彼のSNSはしっかりとチェックしてるってわけね

ミルコ　なんでわかるのー!?

シーナ　ふふん、簡単よ。

カナウ　妄想しているとおっしゃっていましたが、どのような妄想を？

ミルコ　言うんですか～。恥ずかしい～。

シーナ　さっさと話せー！

ミルコ　は、はいー！　彼とお出かけして手をつないで～。彼はミルコのことが大好きで、私も彼のことが大好きで～。抱きしめられてキュン！　とか、「好きだよ」って言われてキュン！　とか、キャー♡

カナウ　妄想の内容も具体的ですし、感情も伴《ともな》っていそうですね。

ミルコ　妄想して、幸せでにやにやしちゃうんだけど～。でも、現実が……。

シーナ　ほら、ごらんなさいー‼

ミルコ　何がー⁉

シーナ　現実はどうだって？

ミルコ　彼から全然メールも来ないし、誘われないし、なんか私にそっけない気もするし、全然妄想と違うっていうかー。

カナウ　参考として、ミルコさんが妄想しているのは、一日でどれくらいの時間ですか？

ミルコ　時間ー？　うーん、あんまり意識したことはなかったけど……3分くらいかな？

カナウ　3分……ですか？　1時間のうち3分ほど、ですか、それとも……。

ミルコ　ううん、一日の中で3分あるかないかってところでーす。

シーナ　お前はウ○トラマンかー!!

ミルコ　やだー！　違うしー!!

カナウ　妄想以外で何かしていらっしゃる引き寄せはあるのですか？

ミルコ　いいえ、何もー。だって妄想してたら叶うんでしょ？

シーナ　出たわね！「妄想してたら叶うんでしょ」ってセリフ！

カナウ　それでは、一日のうち3分間妄想しているとして、他の時間は何を？

ミルコ　えー？　カナウさんったら私に興味津々ー♡

カナウ　……コホン。

シーナ　彼のSNSを探って、彼がどこか出かけた形跡があれば、「やだー！彼ったら誰と行ったのかしらー」なんてヤキモキしてるんでしょう？

ミルコ　ピンポーン♪

あとは、彼がちょっと可愛らしいアイテムの写真をアップしてたら、「これ誰かにプレゼントするのかなー」なんて彼の周りの女性をかたっぱしから調べちゃいま～す。

シーナ お前の探知能力は、探偵かグーグル並みかー‼

ミルコ いや、それほどでもー！

シーナ あなた、その引き寄せ成功してるわよ。

ミルコ ええ⁉　私が妄想してることと現実は全然違うんですけどー。

カナウ ミルコさんは、妄想して幸せにひたっている時間よりも、今の現実を見ている時間のほうが長そうですね。

シーナ あなたが見ているのは現実の彼ばかり。だから現実は何も変わらないし、むしろ自分から見て悪いほうに進んでいる。
引き寄せ成功ね。
おめでとう♪

ミルコ　引き寄せ成功って！　私はそんなこと望んでないんですけどー。

カナウ　望んでいることだけではなくて、望んでいないことも引き寄せるのが引き寄せの法則なんですよ。

ミルコさん、妄想の中では彼とラブラブだっておっしゃっていましたね。

ミルコ　そうでーす！　ラブラブです♪

カナウ　ではなぜ、その幸せな妄想の時間よりも現実の彼ばかりを見てしまうのですか？

ミルコ　え……それは、えーっと……やっぱり今、彼が何をしてるかが気になるっていうかー。

シーナ　SNS見て面白いの？

ミルコ　面白くはないけどー。

シーナ　私は見てて面白いから「家な○子」の続き見てくるわ！

ミルコ　仕事中なのに、堂々とー!?

カナウ　妄想の中でミルコさんと彼はラブラブだけど、現実は違う。ミルコさんはその現実ばかり見てしまっているのではありませんか？

ミルコ　え、だってー。妄想してるのに、なんで現実は変わらないんだろうって思うしー。

カナウ　一日に3分間妄想していたとして、その他の時間を自分の趣味や好きなことをして満たされていたとしたら、短い時間の妄想でも現実は変わっていくかもしれません。しかし、**現実を見ている時間が長ければ、そのままの現実が続くだけなのですよ。**

ミルコ　そんなこと言っても～。同じ職場だし、毎日顔を合わせるから、どうしても現実は見えちゃうっていうかー。

カナウ　確かに職場ではそうかもしれませんが、SNSを見るのは**ミルコさんがあえて選んでいる行動なのではないですか？**

「辛い」「苦しい」という刺激を求めてない？

シーナ　SNS見てる暇があれば、妄想してなー!!

ミルコ　また急に出てきたー！

シーナ　あのねえ、彼が今何してるとか、誰といるとか、そんなんどーでもいいの。

ミルコ　だって、気になるじゃないですか〜。

カナウ　脳は無意識に刺激を求めてしまうんです。**うれしい、楽しいという刺激もあれば、逆に辛い、苦しいという刺激すら求めてしまう。**怖いもの見たさで、自分が嫌な思いをするのはわかっているのに、つい癖《くせ》になってしまって、毎日彼のSNSをチェックすることが習慣になっているのではないでしょうか。

ミルコ　怖いもの見たさ……。確かに彼のSNSをのぞいてもワクワクすることはないのに、つい見ちゃってるのかも〜。

カナウ　そして、**〝現実がなかなか変わらないという現実〟の証拠を探して、答え合わせをしているのです。**

ミルコ　証拠？　答え合わせ？

カナウ　ミルコさんが妄想よりも今の現実を見ている時間のほうが長いから、現実は変わらない。**「ああ今日も変わらなかったな」と、今まで通りの現実**

SNS中毒になる脳のメカニズム
楽しい
辛い
うれしい
苦しい
刺激ほしい
刺激ほしい
刺激ほしい
刺激ほしい
脳は無意識に刺激を求める。
うれしい楽しいという感情だけでなく、
辛い、苦しい、というネガティブな感情も
刺激として求めてしまうため、嫌な思いを
しながらもSNSチェックをやめられなくなる

であることに対してどこかで安心しているんです。

シーナ　とんだドMね！

ミルコ　え〜。私は彼とラブラブになりたいのに〜。

カナウ　「なりたい」と思っているだけでは、残念ながら現実は変わっていきません。自分の意識を向けている時間が長いものほど、またそれに見合った現実がやってくるんです。

シーナ　**「なりたい」と言いながら、選んでいるのは「なれない」なのね！**

ミルコ　だって……。どうせ彼は、私なんて選んでくれないし……ぐすんぐすん……。

シーナ　泣いてる暇があったら妄想してろー。

ミルコ　ひー！　スパルター！

カナウ　いえ、すみません、ミルコさん。泣いて感情を発散することも大事な行為なのですよ。ところでミルコさんは、実はご自分に自信がないのではないですか？

ミルコ　自分に自信なんて、ないもん！　今まで恋愛でうまくいったことなんてないし、やっと彼氏ができたと思っても、すぐに振られちゃうし……！　またどうせダメなんだろうなって……。

シーナ　失恋の1つや2つが何よ！

ミルコ　そんな言い方しなくても！

シーナ　今までうまくいかなかったからって、どうしてこの先もうまくいかないって決めつけるのよ？

ミルコ　だって、だって……。

シーナ　彼に彼女ができたとして、それがどうした！　それでもあなたが彼のことを好きだったら、好きの気持ちを大事にしなさい！

ミルコ　ええっ⁉　そんなのムリー！

シーナ　じゃあ、あきらめて別の恋を探す？　いい男なんて山ほどいるわよ！

ミルコ　……あきらめる……？　それも今はムリ。だって好きだもん……。

カナウ　答えは1つだけではないし、どんなことが起きても、今すぐ結論を出さなければいけないものでもありません。自分の感情に寄り添ってあげることも大切ですからね。

ミルコ そっか……。彼ばっかり気にしてて、自分の気持ちはほったらかしだったかも。

シーナ いくら好きでも、彼ばっかり見てるんじゃなくて、自分の気持ちもちゃんと見ること！

カナウ ミルコさんの中で、「恋愛はうまくいかないものだ」「恋愛は自分を幸せにしてくれるものではない」という思いがとても強いのかもしれませんね。だから、そんなことは望んでいないのに、「またきっとうまくいかないいんだろうな」という思いをあっさりと受け入れてしまう。そして、その通りの現実を見て安心してしまっているのかもしれません。

シーナ 「うまくいくこと」を受け入れられなくて、「うまくいかないこと」のほうをあっさり受け入れちゃうなんて、悲しいわねえ。「家な○子」のドラマぐらい悲しいわね！　うっうっ……。

ミルコ ドラマの思い出し泣きー⁉

カナウ 今までうまくいかなかった現実を体験してきたために、今好きな彼との恋も、うまくいかない妄想が何度も頭に浮かぶし、感情もうまくいかないほうをリアルに感じてしまうのです。

シーナ　**「私の恋愛はうまくいかな～い」「いつも恋が続かな～い」なんて、普段からあっさり言っちゃってるんでしょう！**

ミルコ　言ってるかも……。でも、本当のことだし！

シーナ　ウソも方便、ウソから出たまこと、ウソつきは泥棒の始まりー!!

カナウ　いや、その最後のはちょっと意味が違う気がしますが……。**自分でそう思っていても、望んでいないことなら、わざわざ口にすることもないんです。**望んでいることを考えたり、言葉にするようにしてみてください。

ミルコ　望んでいること？

カナウ　はい。ミルコさんが望んでいることはどんなことですか？

ミルコ　今好きな彼と、ラブラブになること？

シーナ　なんで疑問形なんだ、コノヤロー！

ミルコ　いてー！

不安を感じるのは、本当に願っている証拠

カナウ　シーナさんはすぐ手が出てしまうもので、すみません。

シーナ　もっと自分の願いに自信を持ちなさい！

ミルコ　そんなこと言ったって～。

カナウ　叶うかどうかは横に置いておいて、**まずは子供のように「こうなったらいいな。こうなったらうれしいな」と無邪気に思ってみてください。**

ミルコ　思う？　思うって……ただ頭で思うだけ？

カナウ　そうです。ミルコさんは今、現実を見て嫌な気分になっている時間が長いようです。ただ「こうなってほしい」と思う時間を増やすだけで、望むほうに意識が向いていることになるんですよ。

ミルコ　こうなってほしい……。彼の彼女になること？

シーナ　彼女になって、それだけで終わり？　何もしなくていいの？　すぐ終わっていいの？

ミルコ　まさか！　彼と手をつないでお出かけしたり、彼に好きだよって言われたり、そんなラブラブで幸せな毎日が長く続いて……。

シーナ　そうー！　それで⁉

ミルコ　うわー！

カナウ　シーナさん、人を至近距離で指差すのは控えましょうね。ミルコさん、その願いが叶ったら、ミルコさんはどんな気持ちになると思われますか？

ミルコ　そりゃあもう！　うれしいし～、幸せだし～、ドキドキだし～。

シーナ　それよー‼

ミルコ　ひー！　顔近すぎー‼

シーナ　うれしいし、幸せだし、ドキドキよね！　その気持ちをしょっちゅう持ってくるのよ！

ミルコ　も……持ってくる？

カナウ　はい、これが「感情の先取り」と呼ばれるものです。
脳は、現実に起きたことも妄想も区別がつきません。妄想の中で何度も

「願いが叶った状態」の自分になることで、潜在意識が勘違いし、妄想の

中の自分になろう、近づこうとしてくれるのです。

ミルコ　え〜。脳ってすごい〜。

シーナ　難しいことは知らん！　でも、そういう仕組みになってるのよ！

ミルコ　大事なところを「知らん」で流したー！

シーナ　**めんどくさいことを考えてる暇があったら、妄想よ！**　幸せを感じるのよ！

ミルコ　でも……現実は全然違うのに……。

シーナ　**現実は知ら――――ん!!**

ミルコ　どっかで聞いたセリフー！

カナウ　四六時中、幸せな妄想をする必要などないのです。**ただ、意識して「こうなったらうれしいな」「こうなったら幸せだろうな」と思う時間を増やしてみる。**まずはそこからでいいのです。

ミルコ　そんなことで？　本当に叶うの？

シーナ　グダグダ言ってないでやるのよー！

ミルコ　ひー、暴力反対――！

「感情の先取り」理論
10000
10000
10000
妄想
妄想
潜在意識
よし！
この通りになろう！！
脳は現実と妄想の区別がつかない。
そこで頭の中で何度も"願いが叶った状態"の
自分をイメージすることで、潜在意識がその
イメージ通りの自分に近づこうとしてくれる。
そして実際に現実そのものが変わり始める

カナウ　ミルコさんは彼との恋を叶えたいですか？　幸せになりたいですか？

ミルコ　もちろん、叶えたいし幸せになりたいけど〜。

カナウ　不安を感じるのも、本当に叶うのかと心配になるのも当然のことです。それはきっと、ミルコさんが本当に幸せになりたいと思っているからこそ生まれる感情なんです。その感情も受け入れつつ、望むことに意識を向ける時間を増やしてみてください。

ミルコさんは現実を見ている時間が長いようなので、少し意識を変えることで現実にも変化があると思いますよ。

願望も「ちりも積もれば山となる」

ミルコ　うーん……。望むことに意識を向けるって言われても〜。

カナウ　彼の好きなところを思い出して、胸のときめきを感じるのもいいですね。そして、ミルコさんは妄想がお得意のようなので、大きな願いだけじゃなく、ささやかな願いも妄想してみてください。

ミルコ　ささやかな願い？

カナウ　はい。「私は恋愛で幸せになれない」と心の深くにある思い込みを、**「私は妄想を叶えて幸せになれる」**という思いに変えていくんです。
それには大きな願いを放つだけじゃなく、小さな願いを叶えていくことも大事なんです。

シーナ　「一銭を笑う者は一銭に泣く」よ！

カナウ　えーっと、微妙に意味が違う気もしますが、まあいいでしょう。ミルコさんが食べたいと思った食べ物、行きたいと思ったカフェなど、**自分の中に生まれた「こうしたい」という願いを叶えていくんです。**
潜在意識はなかなかしぶといですから、**こうやって実際に体で体験していくことが必要なんですよ。**

ミルコ　やだー！　そんなちっちゃいことをやってて意味あるの～？　私は早く彼との恋を叶えたいのに～。

シーナ　ちりも積もれば山となるー！

ミルコ　なんか、ことわざがいっぱい出てくるー！

カナウ　**妄想が叶う、と頭で「思おうとしている」だけではまだ足りないんです。**本当に心の底からそう思ってこそ、その通りの現実がやってきてくれますから。

シーナ　願いに小さいも大きいもないからね！

ミルコ　え？

シーナ　あなたが彼とラブラブになりたいのも、あれ食べたいっていうのも、便秘を治したいっていうのも、ぜーんぶ同じ！

ミルコ　いや、私便秘じゃないけどね⁉

カナウ　全部、ミルコさんに生まれた大事な願いなんです。

「こんな願いなんか」とか「別にこれは叶わなくていいや」なんて、願うことすらしないで願いを取り下げることはしないでください。

シーナ　そう！　ぜーんぶ、あなたに叶えてほしいと思って生まれた願いよ。その願いを大切に扱うことは、自分を大切に扱うことでもある！

わかった？

ミルコ　そんなこと、意識したこともなかった〜。

カナウ　こんな小さな積み重ねが、確実に現実を変えていってくれるんですよ。

ミルコ　うーん……じゃあ意識してやってみようかな～。

シーナ　現実に　起きたことより　願いだよ

ミルコ　五・七・五スタイルで言いだしたー！

カナウ　現実に起きたことを思い返すほうが、よほど簡単です。ですが、今は目に見えなくても、自分の中にある願いや望みに意識を向けて大切にしてみてください。最初は難しいかもしれませんが、少しずつ慣れてくると思いますよ。

シーナ　頭の中も、言葉も、ついでに言えば行動も！「望むほう」に意識を一致させるのよ！

カナウ　**手帳やノートに「こうなったらうれしいな」と書く習慣をつけるだけでも効果はありますよ。**

シーナ　現実の　彼を見るより　妄想の　世界を大事に　にやにやしよう

ミルコ　やだー！　今度は短歌スタイルー！

カナウ　現実の彼がどうかよりも、自分が望んでいることは何か。どうなったら自分は幸せを感じるのか。そこに意識を向けてくださいね。

シーナ　現実は　華麗にスルー　してみよう　夢見る夢子《ゆめこ》に　なりやがれ

ミルコ　そのスタイル、ちょっとしつこいですー。

かずみんよりひと言

「現実は知らん！」「ちゃんとしない」が最高！

夢見ていたつもりが、実はしっかりと現実を見ていたミルコさん。

いけませんね！　それではちゃんとしてしまっています！

シーナさんだけじゃなく私からも教育的指導が入りますよ！

妄想をしていても、現実のうまくいかない部分を思い返している時間のほうが長かったら、「今の現実をもっとくださーい！」と張り切ってオーダーしているようなものです。

宇宙さんは融通が利きませんから。

宇宙さんは、とっても素直なんです。

「あ、あの人ずーっと○○○のことを考えているな～。
よっぽど○○○のことが好きなんだな～。
よーし、じゃあまた○○○な現実をプレゼントするぞー！」

と放り込んできてくれるのです。

「○○○」が「貧乏」「彼の浮気」「孤独」「イライラ」など、望んでいないことであったとしても。

うまくいかなかった過去や、うまくいかないと感じている現実を見る必要は一切ありません！

そう！

現実は知らん！
過去のデータはいらん！

なのです。

過去や現実がそうだからといって、この先もそうなるという決まりは何ひとつないのですよ！

「現実を見てしまう」

「現実にしがみついてしまう」

「うまくいかなかった過去を思い出してしまう」

という行為は、「そうしよう！」と意識してやっている行為ではなくて、ついつい無意識にしてしまっているもの。

そう、それが普通なんです。

だけど、**私の本を買ってくれるようなあなたが、普通でどうするんですか。**


そう、一生懸命ちゃんとしない！

染《し》み付いてしまった「習慣」や「クセ」に負けちゃいけません！

無意識で現実にしがみついてしまう行為は、「こうなりたい」と言いながら「ならない」を選んでいるのと同じなんです。

恐ろしい！


「こうなってほしくない」ことよりも、「こうなってほしい」ことに意識を向ける。

それはそれはもう、**全力で「こうなってほしい」を見るんです！**


意識が「自分」ではなくて「彼が」「彼の彼女が」というように、「自分以外の誰か」に向いてしまうのも、ついやってしまいがちなクセの1つ。

あなたの物語の主役は、あなたです。

大事なのは「彼がどうした」「現実がどうした」じゃなくて、

「あなたがどうしたいのか」

「あなたがどうなりたいのか」。

彼は今、こんな状態かもしれないけれど、私はこうだ。
今の現実はこうだけれど、私はこうなりたい。

「こんなふうに愛されたい」と思うなら、今、そんなふうに自分を愛してあげてください。
「幸せになりたい」と思うなら、彼のことなんて待っていないで、今、自分を幸せにしてあげてください。

ね！　そっちのほうがよっぽど手っ取り早いし、**確実に幸せになれる！**

そして、あら不思議。
そんなことを続けていると、自分以外の誰かからも「愛される」「幸せを与えられる」という現実もやってくるのですが、まあ、その話は置いといて（あんまり言うと、期待しちゃいますからね！-）。

映画を見たいと思ったら、映画を見る。
甘いものを食べたいと思ったら、甘いものを食べる。

綺麗になりたいと思ったら、お手入れに時間をかける。

シーナさんも言っていましたが、願いに小さいも大きいもありません。

大きな願いだけに意識を向けていると、「なかなか叶わない……」という気分になりがちです。

日常の「あれ食べたい」「あそこへ行きたい」「あれを見たい」というささやかな願いをどんどん叶えていって、「叶う」体験を積み重ねて、「叶える」経験値を上げていってください。

現実を変えてくれるのは、こんな小さなことの積み重ねなんですよ！

ちょっと あほになる

小さな現実化体験を重ねていくことで「叶える」経験値が上がり、大きな願いが叶う

第4章

「お金持ちになりきろう」を疑え！

お金編

自分が何を願えばいいのか、
自分がどうなれば幸せを感じるかもわからなかった
ワカラ・ナイ子さん。
自分の願いと幸せを見つけ始めた彼女の、
その後の様子は？

自分への投資でお金がなくなる？

ナイ子　こんにちは。

カナウ　ようこそ、ヒキヨセルーノへ。
ワカラ・ナイ子さんですね。お久しぶりです。

ナイ子　ちょっと、また相談したいことがあって。

カナウ　ありがとうございます。今、シーナさんもお呼びしますね。

……１分後。

カナウ　すみません、シーナさんは今、「ひ○つ屋根の下」のＤＶＤを見ている
そうで、終わったら来るそうです。

ナイ子　またドラマ見てるの⁉　てか、さらに古くなってないー⁉

カナウ　まあまあ。ところで、ナイ子さんのその後はどうですか？

ナイ子　ふふふ……それがね。ちょっと気になる男性ができてね。

カナウ　そうなんですか！　以前、理想の彼のリストを書いてもらいましたよね。

ナイ子　そう！　そうなの！　なかなかのイケメンで、いい感じの筋肉で、優しそうな笑顔で……。私が書いてた内容にピッタリで、びっくりしちゃった。まあ、まだ何の進展もないんだけどね。

カナウ　いえいえ。そのような方と出会って、ときめきがある。それだけで立派な引き寄せですよ。

ナイ子　やっぱりそう!?　実は私も、これが引き寄せかなーって思ってたんだけど～。

カナウ　その男性とは、どちらでお知り合いになったのですか？

ナイ子　あれから、スポーツジムに通いだしたの。自分の願いを考えた時に、お金と彼氏だけじゃなくて、やっぱり女性として生まれたからには綺麗になりたいと思って。それに……シーナさん、だっけ？　スタイルがよくて高そうな洋服も似合ってて、素敵だなって……。ちょっと、ほんのちょっとだけ、あんなふうになれたらなって思ったの。

シーナ　そこに愛はあるのかーい⁉

ナイ子　また急に、しかもドラマの影響受けながら出てきたー！

シーナ　え、なになに？　私がスタイルがよくて綺麗で可愛くて、10歳若く見えて素敵だって？

ナイ子　いや、そこまで言ってないし！

シーナ　で、素敵な彼ができたって？　痩せてスタイルもよくなって、一緒に温泉でも行くの？

ナイ子　いやそれも、まだそこまで言ってないし！　ただ素敵な人と知り合ったってだけで……。

シーナ　何よ、つまんないわねえ。あとは彼をつかまえて、付き合って結婚するだけじゃない。

ナイ子　簡単に言うけどねえ！

カナウ　まあ、叶うまでの時間やプロセスは人それぞれですから。早く叶えばいいってものでもないですからね。

ナイ子　そうよ！　私だって焦る時はあるけど、焦らないように気をつけてるん

シーナ　だから……。年齢的なものだってあるし……。
ナイ子　あら。そういえばあなた、この前来た時より何ヶ月か、年とったわね？
シーナ　イヤな言い方するわね！　確かに今日までの間に誕生日が来たから、1つ年もとったわよ……。
カナウ　あら、おめでとう。
ナイ子　そうだったのですね。おめでとうございます。
シーナ　あんまりうれしくないけどね。
ナイ子　そーう？　でもあなた、この前より綺麗になってるわよ。
カナウ　どうせ年をとって、どんどん肌も衰えていって……って、え？
ナイ子　はい。スポーツジムに通われているだけあって、以前よりお肌もツヤツヤで、若々しくなったようです。
シーナ　そ、そう言われると悪い気はしないかな……。
ナイ子　年をとるイコール魅力がなくなる、じゃないんだからね。ほら、またいらない思い込みを大事に持ってるー！
ナイ子　そんなつもりはなかったけど、確かにー！

カナウ　年を重ねるほど魅力が増して輝いている方は、男女問わずたくさんいますからね。
シーナ　まあ、まだまだ私にはかなわないけどね。
ナイ子　それは余計だけどね！
シーナ　じゃあ、そういうことで〜。またね〜。
ナイ子　はーい、また何かあったら来まーす。……って、おーい！
シーナ　あれ？　帰んないの？
ナイ子　ぜんっぜん本題について話してないんだけど。今日はお金のことで悩みがあって来たの！
カナウ　おや、お金のお話でしたか？　気になる彼のことではないんですね。
ナイ子　まあ、彼のこともそりゃ、うまくいきたいけど……。お金のことも気になるの。
カナウ　どうされたんですか？
ナイ子　スポーツジムに通いだしたのはいいんだけど、毎月ジムの会費もかかるし、スポーツウェアやシューズも欲しくなるし、買ってるとどんどんお金がなくなっちゃって……。

カナウ あ、でも「お金がない」って思っちゃダメなのよね？　けど本当にこれでいいのかなって将来の不安が増すっていうか……。

シーナ それは自分への投資ではないですか？　決して無駄遣いではないので、心配されることはないと思いますよ。

ナイ子 買えるお金があって、物や経験を買う！　いいことじゃない！

シーナ うーん、だけど……。

ナイ子 痩せて綺麗になったら着るつもりで、見栄はって高～い洋服を買っちゃったりとかね！

シーナ う……。

ナイ子 あら、図星？

カナウ これ……買っちゃったんだよね。

ナイ子 バッグ、ですか？

シーナ そう……。

エル○スね。これいくらなの？

ナイ子　100万円ほど……。

シーナ　100万円⁉

カナウ　100万円ですか。ずいぶん高価ですが、前から欲しかったバッグなのですか？

ナイ子　うーん、よくわかんない。

シーナ　せっかくいいバッグを持ってるのに、あんまりうれしそうじゃないわね。

カナウ　どうしてこのバッグを買おうと思われたのですか？

ナイ子　1つぐらい、いいのを持っていたいと思って、ローンで買ったの。引き寄せの本にもよく書いてあるじゃない、「お金は使えば使うほどまた自分に返ってくる」って。

カナウ　確かに、よく目にしますね。お金持ちになったつもりで行動しようと。バッグだけ高いものじゃ釣り合わないと思って、まあまあいい洋服も買ったの。そしたらお金が減るばっかり。

ナイ子　あ、「お金が減った」も言っちゃダメなのよね。けど本当にお金が返ってくるのかなあ。

物だって、そこに愛がないとね

シーナ そこに愛はあるのかーい！

ナイ子 いたー！

カナウ ああ、また手が出てしまいましたね。

シーナ ねえ、何のためにそのバッグを買ったの？　ただいいバッグを持ちたかったただけ？

ナイ子 買ってすぐの時は、いい気分だったの！　持って歩いてると、うらやましそうに見られている気がするし、ジムの彼にも「素敵なバッグですね」って褒められてうれしかったし……。

カナウ ナイ子さんが、本当にこのバッグが欲しくて欲しくて仕方がなかったわけではないのですか？

ナイ子 そうかも。別にこれじゃなくてもよかったかなあ。

シーナ　**物だって生き物と同じなんだから！　愛がないと寂しいんだからね！**

ナイ子　バカ言わないでよ！　物に気持ちがあるわけないじゃない。

カナウ　いいえ、それが一理あるのですよ。そしてそれは、引き寄せにも関係してきます。

カナウ　引き寄せで大事なのは何でしたか？

ナイ子　えーっと……。

カナウ　ナイ子さんは一人の自由な時間を積極的に楽しんでみたり、願いのリストを書いていますよね。

ナイ子　うん、今も時々書いてる。そのおかげで気になる彼と出会ったり、少し痩せたりもしたし。

カナウ　大事なのは「うれしい」「楽しい」と感じる「感情」ではなかったですか？

ナイ子　ああ、感情ね。それはこの前聞いたし、わかってるつもりなんだけど……。

シーナ　お金だって、まったく同じなんだからね。

ナイ子　そうなの？　感情が大事なのは恋愛の願いだけじゃないの？

シーナ　まったく、それは勝手な思い込みね。頭がカチカチすぎるんじゃない？

ナイ子　いちいち一言多いわね！

カナウ　お金の引き寄せでもまったく同じです。

引き寄せは願いのジャンルが違っていても、基本的にはすべて同じなのです。「うれしい」と感じている時間が長いほど、「うれしい」と感じるような出来事がまたやってきて、「幸せ」を感じている時間が長いほど、幸せだと感じられる出来事がまたやってくるんでしたね。

ナイ子　うん、この前教えてもらったやつよね。

カナウ　お金を使う時も同じです。**大事なのは何を買うか、いくらのものを買うかではなくて、自分の感情なんです。**

ナイ子　だって、金額が高ければ高いほどいいんじゃないの？　お金持ちになったつもりで行動するんでしょ？

シーナ　**お金持ちが何でもかんでも高級品を買うと思うなー！**

ナイ子　どういうこと？

シーナ　じゃあ何？　あなたが100億円持ってたら、金ピカの豪邸に住む？

ナイ子　いやよ！　金ピカなんて趣味じゃないもん。

シーナ　じゃあ高級車を10台持つ？

ナイ子　車も興味ないからいらない！

シーナ　じゃあ何に使うのよー！

ナイ子　めっちゃキレられてるけど！　そりゃ好きなものに使うわよ！　素敵な洋服を買って、靴だって買うし、バッグも……。

シーナ　あら？　あなたやっぱり洋服やバッグが好きなの？

ナイ子　だって、セレブって高そうな服着てるじゃない。

シーナ　えー？　そうかしらねえ。

ナイ子　あなただって十分高そうな服を着てるけど？

シーナ　何言ってるのよ〜。私は、服はユニ○ロやしま○らが好きなの♡

ナイ子　……え？　えええええ⁉　その服、ユニ○ロやしま○らなの⁉

シーナ　そうよ？　可愛くて自分が気に入っているなら、高いか安いかなんて関係ないじゃない。やっぱりね〜。私が着ると高級に見えるのね〜。

カナウ　そういえばナイ子さんがいらっしゃった時、シーナさんのことを「高そうな服も似合ってる」とおっしゃっていましたね。

ナイ子　う……。何も言い返せない……。

シーナ　私は派手そうに見えるだろうけど、洋服やアクセサリーにはそれほど興味がないの。普段はプチプラ、そしてお出かけ用にちょっぴりいい服を何着か持っている程度よ。

ナイ子　そんなんでいいの？　もっと洋服にお金をかけなきゃいけないいんじゃないの？

シーナ　なんで？　**大切なお金だもの、自分の好きなものに使うわよ。**私はドラマや映画が好きだから、家電にはお金をかけてるわ。ホームシアターもスピーカーもこだわって、部屋にはちょっとした映画館がある感じよ。

カナウ いいですねえ。僕は、食べることにお金を使うんです。

シーナ あら、意外ね。とてもスリムなのに。

カナウ 金額が高ければいいというわけではないんですが、口にするものはこだわっているんです。いいお店を開拓するために、食べ歩きもしていますよ。

ナイ子 食べ物にお金を使ったって、何も残らないじゃない。食べちゃえばなくなっちゃうのに、もったいない。

カナウ 人によってはそう思われるかもしれませんね。だけど僕が一番幸せになるお金の使い方は、食事なんですよ。月に10万円ほど使っているかもしれませんね。

ナイ子 食事に、そんなにお金を使うの⁉ それはもともとあなたがお金持ちだから、使えるんでしょ⁉

シーナ オカネモチ……。いい響きね～♡

カナウ どうでしょうね。**お金を否定すると、お金は入ってこなくなります。**ですので自分ではお金に恵まれていると思っていますが、僕は車も持っていないし、部屋だって狭いんです。だから周りの人には貧乏人だなんて思われているかもしれませんよ。

シーナ　他人にどう思われようと、どうでもいいわよね～。

ナイ子　なんで？　そんなに食べ物にお金を使うんだったら、もっと広い家にだって住めるし、車だって買えるじゃない！

カナウ　はい、広い家に住んでかっこいい車を持つことに憧《あこが》れているなら、そうしているでしょうね。だけど僕は、車にも広い家にも、それほど興味がないんです。何にお金を使うことが自分を幸せにしてくれるか、引き寄せで大事なのはそこなんです。

返ってくるのは、お金を使う時の感情

シーナ　結局さあ、お金を手に入れてどうなりたいわけ？

ナイ子　そりゃ欲しいものを買うんじゃないの？

シーナ　欲しいものを買ったら、どう思うのよ？

ナイ子　またそれー？　前も言ってたわよね、彼ができたらどうなってどうした

いだとか……。私はただお金が欲しいの！　お金さえ手に入れれば、何でも叶うじゃない！

カナウ　確かにお金が十分にあれば何でも買えるかもしれませんが、心が空っぽのままでは何も意味がありません。

お金で何かを買ったり、どこかへ行ったり、何らかの体験をして「うれしい」と心を満たす。

何でもできる自由を感じる。

お金があるという安心感を得る。

本当に欲しいものはお金じゃなくて、やはりこれらの「感情」なのですよ。

ナイ子　また感情ー？　感情がそんなに大事なの？

シーナ　大事でございますー！

ナイ子　綺麗な言葉で殴られたー！

カナウ ナイ子さんは一人の生活を楽しみ始めて、気になる彼ができた。これは、「楽しい」と感じてウキウキできる時間を増やしたら、また「楽しい」「ウキウキ」と感じる現実がやってきたのではないですか？

ナイ子 うーん……まあ、そういうことになるのかなあ。

カナウ そして「本当にお金が返ってくるのかなあ」と不安に感じながら買い物をしたら、「本当にお金が返ってくるのかなあ」と不安を感じる現実が続いている。

ナイ子 あ。……ほんとだ。

カナウ **お金持ちになりきろうとして無理にお金を使っても、返ってくるのはお金というよりも、お金を使う時に自分が出している感情や波動です。**
だから高いものを買えばいいってものでもないし、安物ばかりがいいってわけでもない。**本当に自分の心を満たしてくれるものを買うことが大事なんですよ。**

ナイ子 えー？　高いものじゃなくてもいいの？

カナウ もちろんです。

「お金が欲しい!!」という時に、
本当に欲しいものは……
物を買う
自由を
感じる
FREE
旅行へ
行く
安心感を
得る
安心な
老後
何らかの
体験をする
「うれしい」「楽しい」「ワクワク・ドキドキ」
「安心感」「自由自在感」などの
『感情』を欲しがっている

「高級なものしか買わない」と決めてしまっていると、金額にばかり左右されて、本当に自分が好きなものが何かを見失ってしまいますからね。

シーナ 安かろうが高かろうが、好きなものは好き！

私は100円のアイスも、ちょっと高いハーゲンダッツも好きよ‼

ナイ子 私も好きだけど！

カナウ **お金がある本当の幸せというものは、「何でも買える」というよりも「自分が好きなものを好きなだけ自由に買える」幸せではないですか？**

ナイ子 そっか……。そうかもしれない。

カナウ **欲しいものはお金そのものではなくて、好きなものを買える喜びや幸せといった「感情」なのです。**

人によっては、「お金がある」という安心感がほしいのかもしれない。

これもまた「感情」ですね。感じたいのは喜びか、ワクワクか、自由か、安心感か、優雅さか。

シーナ ぜ～んぶ、でもいいわね！

カナウ はい。自分が感じたいと願う感情を先取りしていくことが、引き寄せの秘訣でしたね。

ナイ子 でも、こんな高いバッグ買っちゃったし、もうお金がないもん！

……あ、また「お金がない」って言っちゃった。

シーナ なに？ なんだか不自然なくらい「お金がない」って言葉を言わないように頑張ってるみたいだけど、けっこう言っちゃってるわよ？

ナイ子 不自然で悪かったわね！ だって、「お金がない」って言ったら、またお金がない現実がやってくるんでしょ？ それぐらいわかってるんだから。

シーナ はい、おめでとうー！ **お金だけを特別扱いして、失敗するタイプー！**

ナイ子 めでたくも何ともないんだけどー！

シーナ お金も、砂糖やシャンプーと同じなんだからね！

ナイ子 へっ？ 砂糖とシャンプー？

カナウ お金を大切に扱うことは大事なことですが、お金だけを特別扱いする必要はないんですよ。電気のスイッチをつければ電気がつく、蛇口をひねるとお水が出る。それと同じなんです。

ナイ子 それもよく聞くけどさ〜。

カナウ では、ナイ子さんはお家《うち》の砂糖やシャンプーがなくなった時、どう思われますか？

ナイ子 え〜？「あ、なくなっちゃった。買いに行かなきゃ」かなあ。

シーナ ああああ！　砂糖なくなったー!!!　どうしよう！　もう一生手に入らないかも〜！　って絶望しないの？

ナイ子 絶望なんてするわけないじゃない！　砂糖なんてすぐ買いに行けるのに！

カナウ 買いに行けると思っているから、思っている通りにまたすぐに買いに行けて、砂糖が手に入るわけですね。

ナイ子 そうよ？　何を当たり前のこと言って……。

カナウ お金も同じなんですよ。**お金がなくなった、減った、と思っても、また入ってくるから大丈夫だと思えばいいんです。**お金も、砂糖も、シャンプーも同じです。

ナイ子 え〜。そんなふうに思えないし。

シーナ やる前からできないって言うなー!!

ナイ子　**いたー！**

カナウ　最初から完璧になんてできなくていいんです。まずは「やってみる」ことが大事なのでしたよね？　何度も何度も自然にそう思えるようになるまで、思考の修正を繰り返す。引き寄せは、そんな地道な作業の繰り返しなんですよ。

ナイ子　うん……まあね。わかってはいるんだけどさあ。

カナウ　「お金がなくなった」と思ったら、「また入ってくるから大丈夫」と思えばいいし、**欲しいものを買った時は、「私は好きなものを買うお金がある」**

「好きなものを持っている」と、「ある」に意識を向けてみてください。

シーナ　「ある」に意識を向ければ、お金が「ある」現実になっていくんです。

ナイ子　これで無限のATMを手に入れたも同然よ！　やったわね！

シーナ　うーん………そうなるといいけど。

100万円のバッグだって、100万円がなくなったんじゃなくて、バッグとお金を交換しただけ。

素敵なバッグに素敵な洋服を合わせて、セレブ気分で街を歩いてみたら？　ウキウキのワクワクのにやにやじゃない！

ナイ子　そんな作り物のセレブなんて！　余計みじめになるだけよ！

カナウ　「真似」や「フリ」はとても効果的なんですよ。**それでナイ子さんがいい気分になれば、また何度でもやってみればいいんです。**

いい気分になれなければ、それはナイ子さんには合っていない方法だということです。やる前から決めないで、まずはやってみる。そして、ナイ子さんがなりたい「お金持ち像」というものを探してみるのもいいのではないですか？

ナイ子　うーん、そっかぁ。せっかくいいバッグもあるんだしね。

シーナ　誰かの言葉を参考にするのもいいし、誰かの行動を真似するのもいい。安いのを選んでもいいし、高いのを選んでもいい。だけど、**本当に自分を幸せにしてくれるものを選ぶのよ！　大切なお金を、大切な自分のために使うの！**

カナウ　そうですね。何もかも人の真似をして、自分の本当の声を聞かないのはもったいないですからね。

ナイ子　わかった。これからお金を使う時は、本当に欲しいものかどうか自分に聞いてみる。

シーナ　さーて、じゃあ私はこれからお店に寄って、ＤＶＤ買ってくるわ！

ナイ子　またＤＶＤ買うの？　何のＤＶＤよ？

シーナ　「男はつら○よ」プレミアム全巻セット！　軽く15万円超え～♡

ナイ子　ＤＶＤに一体いくら使うのー!?

かずみんよりひと言

安いから、高いから、で物を買ってはいけない

私は「必殺仕事人」シリーズが欲しいですよ！
カナウくんが言っていたように、
「自分の好きなものを買える」というのは最高の幸せです。

今、お金が十分にあったら、まず何を買いますか？
はい！　私はお財布！
今、お金が十分にあったら、何を食べに行きますか？
はい！　私は東京のとあるホテルのランチ！
今、お金が十分にあったら、どこへ行きますか？
沖縄！　宮古島！　海――――！

おっと、興奮してしまいました。

3つの質問に答えただけですが、私とまったく一緒の人はいなかったはずです。いたらお友達になりましょう！　ブログからメッセージ、送ってくださいね。

このように、お金で何を買うか、お金を何に使うかは、人それぞれ違います。

お金持ちになったつもりで行動するんだから、高いものを選ばなきゃいけないというのは余計な思い込み。

たとえ100円のものであっても、自分が本当に「好き」なものを買ってうれしい気持ちになれば、

「私は好きなものを買う力がある！」

と潜在意識に深く刻み込まれます。

大切なのはあくまで「波動」なのです。

これは1億円持っていなくても、今お財布に入っている1万円でもできちゃいますよ！　ウッキウキしながらお金を使いましょうね！

「金額」だけに左右されてしまうと、「自分が本当に好きなものは何か」「今、自分を満たしてくれるものは何か」をキャッチする感度がにぶります。

例えば、400円の食パンを見て「ちょっと高いけどおいしそう！」「ぜいたく～♡」と、「ウキウキ」や「リッチ～」の波動が出た時は、買う！

だけど違う日には「今日は普通の食パンでいいや」「ちょっともったいないかな」と感じたなら、400円の食パンは買わない。

100円の食パンを見て、「100円でこんなにおいしいパンが買えるなんて！」「安く買えてありがたいなあ」と自分の心を満たしてくれる波動が出たならば、買う！

だけど違う日には400円の食パンの気分かもしれない。クロワッサンの気分かもしれない。そんな時は、100円の食パンは買わない。

お金をどう使うか、いくら使うかではなくて、自分の心が喜んでいるか、満たされているかが大事なのです。

特に欲しいわけでもないのに、「安いからとりあえず買っとけ」は無駄遣いです。

「高級なものはどうも私には合わなくて」と安いものばかり選んでしまう方は、要注意。第7章で詳しくお伝えしますが、

安いものばかりに心地よさを感じ、慣れてしまうのもちょっぴり心配なのですよ！

自分の心を満たしてくれるものは、安いものかもしれないし、すごく高いものかもしれない。

「だけど気に入ったからって、高いものを買って大丈夫?」と不安に感じることもあるでしょう。大丈夫、お金がなくなったと感じても、またお金は入ってきます。お金も、砂糖やシャンプーと同じですよ！

「ある」と思っていたら、また「ある」がやってくる。

「ない」と思っていたら、また「ない」がやってくる。
プライベートジェット機を買うお金は（今は）ないけれど、チロルチョコを買うお金はある！　しかも1個どころじゃなく、何百個、何千個と買えるじゃないですか！

わーお！

お金も愛も、同じです。
「ある」と思いながら世界を見回してみれば、きっと「ある」が見つかります。

ちょっとあほになる

「ある」と思えば、また「ある」がやってくる
「ない」と思えば、また「ない」がやってくる

第5章

願いを叶えるために、いい気分になるんじゃない

引き寄せ初心者あるある編

クソ真面目に
がむしゃらに引き寄せを実践していた
真面目・スギルくん。
やっと自分が本当に望むことを見つけ、
一歩踏み出しました。
その後のスギルくんの様子は？

無理に感じる幸せの効果はゼ〜ロ

スギル　こ、こんにちは〜。

カナウ　ようこそ。おや、真面目・スギルさんですね。お久しぶりです。

スギル　お、お久しぶりです！　今日はぜひ聞いてほしいことがあって！

カナウ　はい、喜んで。では、シーナさんも呼んできますので、少々お待ちください ね。

……１分後。

カナウ　すみません、シーナさんは今、「１０１回目のプロポーズ」のＤＶＤを見ているそうで、終わったら来るそうです。

スギル　またＤＶＤ見てたー！　っていうか、さらに古いドラマに⁉

カナウ　ところでスギルさん、その後何か生活の変化はありましたか？

スギル　はっ、そうなんです、聞いてください！　あれから僕なりに一生懸命勉強して、希望の仕事に就くことができたんです！

カナウ　それは素晴らしいですね。スギルさんの行動の成果だと思います。

スギル　はい、ありがとうございます！　毎日おじいちゃんやおばあちゃんとお話しして……。もちろん大変な部分もあるけど、すごくやりがいを感じてるんです！

カナウ　スギルさん、前よりもずっと表情が生き生きとしていらっしゃいますもんね。

スギル　はい、自分が本当にやりたいことは何かを考えるきっかけをいただいて、天職を見つけることができてよかったです。それもカナウさんとシーナさんのおかげで……って、シーナさん遅いですね。

シーナ　僕は死にましぇーん‼

スギル　定番中の定番のセリフを言いながら登場したー！

シーナ　なに？　別に私死んでないけど？

スギル　誰もそんなこと言ってませんから！　ただ来るのが遅いって言っただけ

で……。

シーナ　あれでしょ？　今はやりたい仕事をやってるんでしょ？　よかったじゃない！

スギル　は、はい！　そう言ってもらえると、うれしいなあ。

シーナ　おめでとう！　じゃあそういうことで！　またね～。

スギル　はーい、今日はお邪魔しましたー。……って、違いますよ！　まだ何も本題について話してませんから！

シーナ　え、違うの？

カナウ　うれしいご報告だけじゃなくて、他にも何かあるのですね。

スギル　そうなんです……。仕事は楽しくやらせてもらってます。それで、あの、実は……職場に気になる女性もできて……。

シーナ　ひゅーひゅー!!　どこまで進んだのー!?

スギル　中学生のノリー!?　まだその……何にも進展がないというか……。

カナウ　ですが、まだ今の職場で働き始めて間もないのでは？

スギル　はい、そうです……。だけど、日々の幸せなことに意識を向けていたらどんどん願いは叶うんですよね？　実際、望んでいた仕事に就くこともできたし！　でも……そんなにいいことばかりではないんです……。

カナウ　と言いますと？

スギル　職場に、ちょっと苦手というか、合わないというか、あんまり好きじゃないというか、そんな人がいるんです……。

シーナ　ああ、嫌いなヤツがいるのね。

スギル　はっきり言ったー！　オブラートに包んでいたのにー！　嫌いな人なんていたら、ダメなんですよね!?　嫌いな人のことも好きにならなきゃ！　そしていい気分でいなきゃ！　ああ、今日もお日様が輝いている！　好きなだけお水が使える！　幸せだなあ！

シーナ　わざとらしいわー！

スギル　ええーっ!?　わざとらしいなんて、とんでもない！　今日も太陽の光が降り注いでいる……！　そして僕は生きている！　ありがたいなあ！

シーナ　無駄にスケールがでかいわー!!

スギル　いてー!!　ああ、だけどこの痛みも生きているからこそなんだ……！

シーナ　ただのドM野郎ー！

スギル　ただのドMー!?

カナウ　スギルさんは、**毎日の日々の中で無理やりいい部分を探そうとしたり、感謝しようとしていませんか？**

スギル　だって、幸せを感じれば感じるほど願いは叶うんですよね!?　もっと幸せになれるんですよね!?

カナウ　**幸せは無理やり感じるようなものではありませんよ。「本当に」スギルさんが幸せだと感じないと、意味がありません。**
　太陽の光が降り注ぎ、お水が使えるのは、確かにとても幸せなことですが、**「ありがたいな」「幸せだな」という気持ちは自然と心に湧いてくるものです。**どんな小さなことでも、ささやかなことでもいい。本当にスギルさんが幸せだと感じることが、一番大切なのですよ。

シーナ　引き寄せ初心者あるあるー!!

スギル　ひー、顔が近いですー!!

シーナ　はい、一緒に言うわよ！

願いを叶えるためにいい気分になるんじゃなくてー！

スギル　ええ？　ね、願いを叶えるためにいい気分になるんじゃなくてー……。

シーナ　**今、幸せを感じるために、いい気分になるー！**

スギル　今、幸せを感じるために、いい気分になるー。

シーナ　**計算や打算はいらない。**

幸せになるために無理やり幸せを探そうとするんじゃない！

ただ、今、幸せを感じるー！

はい！

スギル　ただ、今、幸せを感じるー！

……うーん、僕はそのつもりだったんですけど。

カナウ　幸せを感じようとする心を持つのは、とても素晴らしいことなんですよ。

ですが……。

スギル　幸せを感じようとすればするほど、そうは言っても気になる彼女と何も

進展がない。職場の苦手な人と明日も顔を合わせなきゃいけない。そんな

ことが頭をよぎるんです……。

カナウ　それは、本当には心が満たされていないからかもしれません。

……スギルさん、コーヒーと紅茶、どちらがお好きですか？

スギル　ええっ！ えーっと、僕は紅茶が……。

シーナ　私は緑茶！

スギル　緑茶ー!? 見かけに似合わず、ずいぶんと渋いの飲みますね！

シーナ　日本人の心よ！

カナウ　かしこまりました。少々お待ちくださいね。

「〜じゃなきゃいけない」を疑え！

……5分後。

カナウ　お待たせいたしました。スギルさん、フォートナム＆メイソンのダージリンティーです。シーナさんには緑茶を。僕はコーヒーです。

シーナ　ありがとー♡

スギル　フォ、フォートなんとか……？　スネ夫くん家《ち》で飲んでそうな紅茶が出てきましたね！

シーナ　はー、美味《おい》しい♡　ホッとする〜。あんたも早く飲んでみなさいよ。

スギル　は、はい、いただきます……。美味しい……！

シーナ　午後のひと時、こうして美味しいお茶を飲めるなんて幸せよね〜。

カナウ　ええ、本当に。

スギル　そうですね！　幸せなひと時です！

シーナ　それよー!!

スギル　ブフー!!　ちょっと！　吹き出しちゃったじゃないですか！

シーナ　今、幸せを感じたわね？

スギル　え、ええまあ……。その後急に指を突きつけられて、台なしにはなりましたが……。

カナウ　幸せを感じようとしていないのに、確かに今、ここにいる全員が幸せを感じましたよね。
自分が飲みたいものを飲んで、美味しいと感じる。スギルさんもそうではないですか？

スギル　は、はい、確かに！　こんな美味しい紅茶をいただいて……。何か甘いもの……そう！　ケーキを食べたくなりますね！

シーナ　よし！　買ってきて！

スギル　えええー!?

シーナ　ちょっと待てー!!

スギル　行くんだか待つんだか、どっちですかー！

シーナ　あなたの目的は美味しいケーキを食べて幸せを感じることよ！　美味しいケーキを食べて喜んでる自分をイメージ！
できた？

スギル　そんな急に言われましても。

シーナ　美味しいケーキ！　にこにこの自分！　はい、思い浮かべて！

スギル　は、はい……。

シーナ　はい！　そのままにやにやしながら買いに行ってこーい！

スギル　は、はいー！

……1時間後。

スギル　遅くなりました！

カナウ　スギルさん、おかえりなさい。

シーナ　遅いわよ！

カナウ　ケーキは買えましたか？

スギル　それが、失敗なんです……！

カナウ　失敗、ですか？

スギル　はい、それが実は……ケーキを売ってる店が全然見つからなくて。行く前に、美味しいケーキを思い浮かべていたのに！
僕はやっぱり引き寄せなんてできないのかもしれません！

カナウ　……では、その箱は？

スギル　これは、どら焼きです。言われたものはケーキだったけど、すごく美味しそうだったので。

シーナ　ありがとう！　さあ、みんなで食べるわよ！

スギル　え……？　ケーキじゃなくて、どら焼きですよ？

シーナ　どら焼き美味しそうー。いただきま～す♪

スギル　い、いただきます……。

シーナ　どう、美味しい？

スギル　お、美味しいですけど……って、うわあ！　このどら焼き、紅茶と合って美味しいなあ！

カナウ　スギルさんがお買い物に行く前に思い浮かべていたことは、「美味しいケーキ」だったけど、「美味しいものを食べて幸せを感じている自分」は叶いましたね。

スギル　は、はあ……。だけどケーキは……。

シーナ　**「ない」より「ある」を見るー！**

スギル またいきなり標語みたいなものをー!?

シーナ **失敗より成功を見るー!!**

スギル し、失敗より成功を見るー……!

シーナ そんなにケーキにこだわることが大事なこと? どら焼きが美味しい。幸せ。それでいいじゃないの!

カナウ **全部が全部、うまくいかなくてもいいんですよ。** ケーキは見つからなかったけど、美味しいどら焼きに出会えた。それも1つの幸せではないですか?

スギル だけど僕は、全部がうまくいってほしいと思ってしまいます……。せっかく仕事は楽しいのに、苦手な人がいる……。あの人さえいなければ、僕はもっと……。

シーナ　なに？　そいつムカつくヤツなの？

スギル　え、ええ、まあ……。

シーナ　じゃあはっきり言っちゃいなさいよ！　ムカつくー‼　って。

スギル　ええ？　いいんですか？　そんな言葉を言って……。

シーナ　誰が言っちゃいけないって決めたの？　総理大臣？

スギル　小学生みたいな会話！

カナウ　時には感情を吐き出すことも必要ですよ。心の中に溜《た》め込んでいないで、外に出してしまいましょうよ。

スギル　は、はい、それでは……。〇〇め！　いつも僕をバカにして……！　なのに女の子の前ではいい顔をして！　む、ムカつく！　それにあの時……。

……30分後。

スギル　はあ、スッキリした～。

って、す、すみません！　愚痴ばかり聞かせてしまって……！

シーナ　あ〜、いーのいーの。心の中に溜め込んでるほうが、ずっと体に悪いんだから。

カナウ　そうですよ。愚痴や不満を言っちゃいけないと決めるのではなくて、たまにはこうして人に話を聞いてもらったり、紙に書き出してスッキリすることも大事です。聞いてもらう人を選ぶことは大事ですけどね。

スギル　そうなんですか……。僕はてっきり、愚痴や不満を言うことはダメなんだと思ってました。

シーナ　**イヤなもんはイヤ、キライなもんはキライでいいの！　で、キライなヤツのことはほっときなさい。**

スギル　ほ、ほっとく……ですか？

シーナ　そっ。さっきあなたは「僕のことバカにして！」って言ってたけど、その人は人のことをバカにしたいんでしょ。んで、女の子の前ではいい顔をしたいの。ただそれだけ。相手の問題は相手の問題。

スギル　そうは言っても、毎日顔を合わせるので、どうしても気になります。

カナウ　**自分で努力してどうにかなることは努力すべきかもしれませんが、どうにもならないことは考えても仕方がないですよ。**

シーナ　そっそ！　あなたの人生にそいつは絶対必要なの？

スギル　い、いいえ、そんなまさか！　むしろ必要としてはいません！

シーナ　でしょ？　そんなキライなヤツのことよりも、気になる彼女のことを教えなさいよ。

カナウ　そうでしたね。ぜひ、気になる女性のことも教えていただけませんか？

スギル　かっ、彼女のことですか？　ええっと……。

シーナ　可愛い子なんでしょ～。この、この～。

スギル　ええ!?　ええ、まあ、目立つタイプの子ではないですけど、笑顔が優しくて……。

シーナ　で？　で？

スギル　コーヒーをいれてくれたり、すごく、あの、癒されてるんです！

シーナ　ヒュ～！　告白しちゃえよー！

スギル　中学生のノリー!?　告白だなんて、まだそんな……。

シーナ 「あなたがー！　好きだからあー‼」ってね……うっうっうっ……。
スギル まさかのドラマの思い出し泣きー⁉

「キライキライ、来るなー」は「おいで！」を意味してる

カナウ スギルさん、今、彼女の話をしている時、とても幸せそうなお顔でしたね。
スギル ええっ、そうでしたか⁉　なんだか照れるなあ。
カナウ そんなお顔になれるようなことを、いつも考えてみるのはどうですか？
スギル ええ？
シーナ キライなヤツのことより、好きな子のことを考えてる時間のほうが楽しいだろうがー！
スギル そりゃそうですけどもー！
カナウ 人は、嫌いなものも好きなものもあって当たり前なんです。
嫌いなものは嫌いでいい。だけど、ずっと嫌いなもののことを考える必要もありません。それなら、好きなものや好きな人のことを考える時間を

なるべく増やしたほうがいいとは思いませんか？

スギル ま、まあ確かに……。言ってることはわかるんですが……。

カナウ 引き寄せの法則は、意識を向けているものをまた引き寄せるという性質がありますよね。**嫌いなものや人に意識を向けるほど、嫌いだなと思うものをまた引き寄せてしまう恐れがあるのです。**

スギル ええっ⁉　そうなんですか？

カナウ 宇宙は、その人が望んでいるか望んでいないかは考慮してくれません。ただ意識を向けたものをそのまま、プレゼントしてくれるんですよ。

「病気が嫌だ」と思って病気を恐れすぎていると、病気を引き寄せてしまう。「貧乏が嫌だ」と思ってお金が減ることに意識を向けすぎていると、どんどんお金が減る現実を引き寄せてしまうんです。

シーナ **キライキラーイ！　来るなー！　って言ってるほど、「おいでー！」って言ってるようなもんなのよね！**

スギル そんな！　僕は、苦手な人のことを解決しようと、つい、そのことばかり考えていました……。

シーナ　考えてるからって解決するわけでもないけどね〜。
だから、ほっときゃいいのよ！

スギル　ほ、ほっとく……ですか？

カナウ　仕事を楽しんで、やるべきことに集中してみる。素敵な女性と一緒に働けることに幸せを感じてみる。そうしているうちに、苦手な人のことはあまり気にならなくなりますよ。

スギル　そうなんでしょうか……。

カナウ　人はどうしても、うまくいっていることのほうが多くても、マイナス要素に目が行きがちなんです。マイナス要素をなくそうと頑張るよりも、プラス要素に意識を向けてみるほうが、いい引き寄せ効果があるんですよ。

スギル　はあ……。

シーナ　キライなヤツのことなんてほっとけ！
それよりも美味しいもの食べて、彼女がいれてくれるコーヒーににやにやにやにやしてたらいいのよ！

スギル　そんな簡単に言いますけども……！

シーナ　わかった！　じゃあ、今から実験してみるわよ！

スギル　急にー⁉

シーナ　今から外に出て、赤い車を見つけてきて！　赤い車を見つけたらあなたの幸せは保証されます！

スギル　はい、頭の中で赤い車をイメージして〜。赤い車、赤い車……。

シーナ　バッチリ頭の中に入ったわね！　じゃあ、行ってらっしゃ〜い。

スギル　何のことやらわかりませんが、行ってきます！

……20分後。

スギル　ダ、ダメでした！　赤い車を1台も見ることができませんでしたー！

シーナ　1回失敗したぐらいで、それがどうした！　もう1回行ってこーい！

スギル　は、はいぃー！　赤い車……！　赤い車ー‼

こんな思いが引き寄せを妨げる

……さらに20分後。

スギル　や、やっぱりダメです！

シーナ　車はけっこう通るのに、赤い車なんて全然通りません！

スギル　それがどうしたー！

シーナ　いや、見つけてこいって言うからー！

スギル　赤い車を見つけられなかったからって、どうなの？

地球が滅亡するの？　何時何分何秒？

スギル　小学生がよく言うセリフー‼

引き寄せは、意識を向けたものが現実化するんですよね⁉

僕はあれだけ赤い車を思い浮かべていたし、探していたのに！

カナウ　スギルさんは、少し肩に力が入りすぎているのかもしれません。

スギル はっ！　そ、そうですか？

シーナ キライなヤツを作っちゃいけない。
私がケーキって言ったから、絶対ケーキを買ってこなきゃいけない。
赤い車って言ったから、絶対赤い車を見つけなきゃいけない。
やっぱり、あなたはまだまだがむしゃらオトコで真面目オトコよー！

スギル また言われたー‼

カナウ スギルさんは「こうじゃなきゃいけない」という思いを抱えすぎなのかもしれませんね。

スギル だって……思考は現実になるし、自分が願ったことは必ず叶うんですよね？　僕は全然、できていない気がして……。

シーナ 100％うまくいかなきゃ、成功じゃないの？

スギル え……そうじゃないんですか？

シーナ 誰かをキライになっちゃいけない。完璧じゃなきゃいけない。1回でうまくやらなきゃいけない。成功しなきゃいけない。それって法律で決まってるの？　誰が言ったの？　何時何分何秒に？

スギル　またそれですかー!?

カナウ　これらはすべて、スギルさんが勝手にそう思い込んでしまっているだけなんです。

「幸せを感じなきゃいけない」「成功しなきゃいけない」「うまくやらなきゃいけない」という思いが強すぎると、力が入りすぎて逆に引き寄せを妨げることがあるんですよ。

スギル　力の入りすぎ……。確かに僕は、そうかもしれません……。

シーナ　ああ、もう！　美味しい緑茶！　甘～いどら焼き！　**何もかもが寄ってたかって私を幸せにしてきやがるわー！**

スギル　幸せにしてきやがる？

シーナ　美味しい紅茶。美味しいどら焼き。やりたかった仕事。気になる可愛い彼女。

スギル　は、はい……？

カナウ　**この数時間だけで、たくさんの幸せがありましたね。**

「こうじゃなきゃいけない」なんて考えないで、ただ幸せを感じてみてください。

スギル　あ……ああ、そうか。確かに、美味しいものを食べてお話しして……。楽しかったです。

シーナ　**〝なんとなく〟幸せを感じられるようになるまでは、ガツガツ幸せを感じに行きなさい！**

スギル　え、ええ？

カナウ　〝なんとなく〟の無意識を、意識的に変えていくんです。最初は、意識して幸せを感じようとしてもいい。だけど、それを習慣づけることによって、自然と心が幸せを感じるようになります。そうなった頃には、「こうならなきゃいけない」という思いからも解放されているはずですよ。

スギル　意識して幸せを……。無理やりじゃなくて、本当に幸せと感じられるものですか？

シーナ　そうよ！　食べたいものを食べて、飲みたいものを飲んで、好きな人のことを考えるの！

そんなことをしていたら、勝手に心が幸せを感じるようになっちゃうから！

スギル そんなことでいいんでしょうか……。

シーナ 〝考えるより感じろ〟よー！

スギル は、はいー！

お悩み解決事務所「ヒキヨセルーノ」を後にしたスギルくん。

スギル　美味しいものを飲んで食べて、楽しかったなあ。……ふふふ、あの人たち本当に面白いよなあ！

ふふっ、と思い出し笑いをしたスギルくんの横を、1台の車が通り過ぎます。

スギル　あ……赤い車。

正しさよりも楽しさを優先しよう

かずみんよりひと言

ぷはぁー!!

おっと！　いきなりすみません！

今、カルピスを飲んだんですよ。いやあもう、ちょうどいい濃さ！

コップ1杯飲みきるまでに、どら焼きを食べた時のスギルくんみたいに「美味しいなあ！」と5回は言ってしまいましたからね！

ちなみに炭酸水で割ってカルピスソーダにするのもお気に入りですよ！

おっと！　どうでもいい情報でしたね！

カルピスに至福を感じた私でしたが、どうしてもビールはおいしいと思えないのです。

だけどビールが大好きな人にとっては、ビールを飲んで「ぷはぁー!!」の瞬間は至福の時ですね。

そう、私はカルピスを飲みたいからカルピスを飲んで幸せを感じる。

ビールを飲みたい人は、ビールを飲んで幸せを感じる。

飲みたいものを飲んで、食べたいものを食べて、やりたいことをやっていたら勝手に体が幸せを感じちゃうパターン。

これは間違いなく、自分にとって本当の幸せですよね。

「幸せはわざわざ探すものじゃなくて、気づくもの」とも言いますが、運命の人だって「探すものじゃなくて、出会うもの」なのかもしれません。

だけど、こうも思うのですよ。


自分からガツガツ探しに行ったって、別にいいじゃないですか。

幸せも、運命の人も。


「無理やり」でも、「意地になって」でも、「ヤケクソ」でも、幸せが見つかったらそれでよし！

幸せセンサーがにぶって、「何をしても幸せを感じられない……」と幸せに対して鈍感になるよりは、いいと思うのです。

探して見つけた幸せも、
ふっと肩の力が抜けた時に見つけた幸せも、
確かにここにある幸せ。

引き寄せではなぜか「いつか幸運が舞い込んでくる」と思われている節があり、「待ちの姿勢」の方が多いのです。

収入を増やしたければ、自分で副業を探す！

旅行に行きたければ、コツコツ貯金をする！

自分からガツガツ動いて願いを叶えたって、もちろんＯＫ。

ふっと願いが叶うこともあれば、自分から叶えたっていい。

どちらも自分の力です。

「どちらか」ではなくて、「どちらも」正解なんです。

少しぐらいの失敗も、気にしてはいけません。

失敗はダメ、人を嫌いになっちゃダメ、不満はダメ、１００％じゃなきゃダメ。

そんなことを言っていたら、私は生きていけなくなりますよ！

例えば私が「沖縄に行きたい！」と願ったとしますよ。

そして空港に行って飛行機に乗って、青い海を眺めているところを妄想して幸せを感じるとします。もう、この辺は大得意ですから。


ところが、沖縄じゃなくてハワイに行くことになった！


なんてこともあるわけです。

妄想以上の引き寄せウェルカム！

はたまた新幹線に乗って富士山を見て大いに感激したけれども、「ありゃ！　海じゃなくて山になっちゃったよ！」なんてこともあるわけです。

「引き寄せに失敗した！」ではなくて、

楽しければそれでよし。

妄想している時に感じていた「幸せ」はちゃんと現実になったのです。

「全然楽しくなかった」なら、心のどこかにあったネガティブな思考が現実になったのかもしれません。それならばまた、「次こそは楽しい旅行にするぞ！」とウキウキの思考を放てばいいだけ。

いちいちジャッジなんてしないで、引き寄せを楽しみましょうね！

ちょっと
あほになる

妄想とちょっと違うものを引き寄せても、楽しければそれでよし！

第6章

「いつか」じゃなくて、「今」でしょ！

いつか叶う編

自分では夢見ているつもりで、
実は現実を見ている時間のほうが長かった
現実・ミルコさん。
ミルコさんはその後、
現実のうまくいかない部分よりも、
望む世界を大事にできているでしょうか？

あなたの本心、宇宙にダダ漏れです

ミルコ　こんにちは〜。

カナウ　ようこそ、ヒキヨセルーノへ。現実・ミルコさんですね。お久しぶりです。

ミルコ　お久しぶりですー！

カナウ　あのー、ちょっと聞いてほしいことがあるんですー！
わかりました。シーナさんも呼んできますので、少々お待ちくださいね。

……1分後。

カナウ　すみません、シーナさんは今、「水○黄門」のDVDを見ているそうで、終わったら来るそうです。

ミルコ　やだー！　まさかの時代劇ー！

カナウ　ところでミルコさん。その後、何か変化はありましたか？

ミルコ はい、聞いてくださいー！
実は、好きな彼とちょっといい感じというか〜。

カナウ この前話してくれた彼のことですね。

ミルコ そうなんですー！　何気ない会話だけど、前よりも話せるようになって。

カナウ それは素晴らしいですね。

ミルコ はいー！　いつかもっと仲よくなれるといいんですけど！
……だけど、肝心なことがまだわからないというか〜。彼女がいるかいないかもわからないし、たぶんいそうな気もするし……。

シーナ

ミルコ やだー！ 私、悪代官じゃありませんー！

シーナ なになに？ 彼女がいるけど、あなたといい感じだって？

ミルコ 彼女がいるって決まったわけじゃないですー！ はっきり聞いたわけじゃないけど、なんとなくというか～。

シーナ 別にどっちでもいいわー！

ミルコ いや、どっちでもよくないですー！

シーナ 前も言ったわよね？ 彼がどうかじゃなくて、自分がどうかが大事だって。彼に彼女がいても、好きなら好きでいていいの。それが難しいならまた違う恋を探すのもアリ！ いい男なんて山ほどいるわよ！

ミルコ 確かに言ってたけど～。そんなにすぐはあきらめられないし……。

シーナ じゃあ彼女がいてもいなくても、彼のことを好きでいたらいいじゃない！ 誰かを好きになる、それだけで幸せな経験なんだからね！

ミルコ じゃあ、そういうことで～。またね～。

シーナ はーい、また今度～。って、違う違うー！

ミルコ あれ、帰んないの？

ミルコ　まだ何にも話してないですー！

カナウ　ミルコさんは前よりも彼と親しくなったということですが、それも立派な進展ではないですか？

ミルコ　はい、そうなんです〜。だけどなかなか今以上進展しないから、それがもどかしいというか。いつか彼女になれるといいんですけど〜。

シーナ　今度はないものねだりね！

ミルコ　えー？　ないものねだり？

カナウ　順調に進んでいても、人はどうしても「もっと、もっと」と欲が出てしまう。欲を持つのは大事なことですが、ないものねだりばかりしていても満たされることはありません。まだ叶っていないことに意識を向けて「まだ叶わない」と不満を感じるよりも、今、幸せな部分に意識を向ける。今、与えられているものに喜びを感じることも大切ですよ。

ミルコ　わかってはいるんですけど〜。でも、やっぱりどうしても「もっと」って思っちゃうし……。だけど思い続けていたら、いつか叶うんですよね？

シーナ　**「いつか」カウンター3回目……**ボソッ。

ミルコ　え？

カナウ　ミルコさんは、今よりもっと彼と親しくなりたいのですね。
以前、意識して「こうなったら、うれしいな」「こうなったら、幸せだろうな」と思う時間を増やしてみてくださいとお伝えしました。それをこれからも続けていってかまわないのですよ。

ミルコ　それも、わかってはいるんですけど～。本当は彼ともっと仲よくなって、食事に行ったり旅行に行ったりしたいんです！　でも、きっといつかは……。

シーナ　さっさと行ってきやがれー！

ミルコ　んな、無茶なー！　だって、彼に彼女がいるかもしれないし、それにもし、彼とうまくいったとしても、お金だってないし……。電話で話せるようにはなったんだけど、それ以上は無理かも……。

シーナ　「いつかきっと」と言いながら、夢見ることもしないでダメな理由ばかり探してる！　あなたはまだまだ現実を見すぎよ！

ミルコ　え～。前よりだいぶよくなったんですけど～。

カナウ　完全に現実を無視することは難しいかもしれませんが、**願う時も現実を考慮することはないんですよ。**

ミルコ　現実を考えてるつもりはないですよ〜？

シーナ　ちがーう！　現実をしっかり見てるだろうがー‼

ミルコ　ひー！

シーナ　彼と食事に行きたい！　旅行に行きたい！　それだけでいいのよ！

ミルコ　ええ！？　それだけで？

カナウ　彼に彼女がいるかもしれないから、本当は食事に行きたいけど、無理かもしれない。お金がないから、本当は旅行に行きたいけど、旅行も無理かもしれない。電話で話すぐらいが精一杯かもしれない。

「現実がこうだから、願いが叶ったとしてもこれぐらいだろう」その思い込みが、そのまま現実に反映されていくんです。

ミルコ　ああ！　確かにそう思ってるかもー！

シーナ　まだまだね！　そんなんじゃあ、あほレベル2ね！

ミルコ　あ、あほレベル⁉

シーナ　あら、よく言うじゃない。**「あほになればなるほど引き寄せる」**って。

カナウ　現実を見てから願いを決めるのではなくて、自分の本当の願いに素直に、正直になっていいんですよ。彼に彼女がいるかもしれないという現実と、彼ともっと親しくなりたいというミルコさんの願いは別物なんです。イコールにしなくていいんですよ。

ミルコ　だって、もし彼女がいたら彼女が嫌な思いをするじゃないですか〜。

シーナ　おぬしも悪よのぅー！

ミルコ　えー！　いい子発言だったのにー！

シーナ　私、「優等生発言撲滅委員会」委員長ですが、何かー？

ミルコ　それはそれは初めまして！　じゃなくて、なんですか、それ！

シーナ　**思ってもいない優等生発言をすればするほど、引き寄せは叶わないわよ。あなたの本心は宇宙にはダダ漏れなの！　そして現実になるのは、そのダダ漏れな本心よ！**

ミルコ　でもでも！　だってそうじゃないですか！　私がもし彼女の立場だったら、彼が他の子と食事に行くなんてイヤだし〜。今までだって、いつも私はこのパターンなんです……。彼女がいる人を好きになったり、逆に彼氏に浮気されちゃったり……。

シーナ　「悲劇のヒロイン撲滅委員会」委員長ですが、何かー?

ミルコ　またなんか肩書きが出てきたー!

シーナ　かわいそうな私をアピールしていたら、周りから心配されるし同情もされる。そんな人生を選んで、一生かわいそうな私で生き続けるの?

ミルコ　アピールだなんて、ひどい!　だって、本当に今までそうだったから!

シーナ　本当かウソかはどうでもいいわー!

シンデレラって実際、どんなでした?

カナウ　今までそうだったからといって、これから先もそうだとは限りません。ですが、今までうまくいかなかった経験のほうが多いから、「またうまくいかないいんだろうな」と、うまくいかないほうをあっさりと受け入れてしまう。そんな時でも望むほうに意識を向けてください、と以前もお話ししましたね。

ミルコ はっ！ ……そうだった……。

カナウ もしかしたらミルコさんの中に、**自分が幸せになると誰かが不幸になり、誰かが幸せになると自分は幸せになれない、という思いがあるのかもしれません。**そしてその通りの現実になってしまう。

シーナ まったくいらない設定ね。

ミルコ う……その通りかもしれない……。

カナウ ミルコさんがこうなりたいと決めて、なれると信じる。そうすることで、思いもよらないような展開が待っていたりするんです。
「自分の願いが叶うことで、誰かに迷惑をかけるかもしれない。誰かを不幸にするかもしれない」そんな思いは必要ありません。自分の願いを大切にしてくださいね。

ミルコ うーん、いつかそんなふうに思えたらいいんだけど……。
いつか彼の彼女になれたら、もっと綺麗になろうって頑張れるし、いつかお金持ちになったら毎日をもっと楽しく過ごせるし、いつかすべての願いが叶ったら幸せになれるのに……。

シーナ「いつか」カウンター、限界突破しました……。

ミルコ え？ なんですか？

シーナ **その「いつか」は一生来ないわー!!**

ミルコ ひ、ひどい言われよう！ だって、だって、夢見ていたらいつかは叶うって！ シンデレラだって、あきらめないで信じていたら夢は叶う、って言ってるし！

シーナ「ニセシンデレラ撲滅委員会」委員長ですが、何かー？

ミルコ ニセシンデレラー!?

シーナ あきらめない、って言いながら、願う前からあきらめてる。信じてるって言いながら、叶わない理由ばっかり探してる。「いつか」なんて言っていないで、今から綺麗になって、毎日を楽しく過ごして、幸せを感じる工夫をすればいいの！ **「いつか叶う」を逃げや言い訳に使っているだけの、ニセシンデレラが言う「いつか」は一生来ないからね！**

ミルコ　う……耳が痛いかも～。

シーナ　いい？　**シンデレラはただ「いつか王子様が迎えにきてくれたら」と夢見ていただけじゃないのよ！**
あの環境の中でもちゃんと自分を磨き、精一杯自分を楽しませていた。舞踏会に行けるチャンスには、自ら「行きたい」と声をあげて、自分のためにドレスを作った。シンデレラはただ夢を見ていただけじゃない。
王子様がシンデレラを見つけたのも、シンデレラが我慢に耐えてかわいそうな女だったからじゃない。シンデレラが自分のことを大切にして、キラキラ輝いていたからよ！

ミルコ　ってか、シンデレラにもめっちゃ詳しいな！

カナウ　「いつかこうなったらいいな」とただ思いながらも現実を見てため息をついていると、**「いつかこうなったらいいな」と思う日々が叶い続けるんです。**　３年後も５年後も10年後も、「いつか叶ったらいいな～」なんて言っているかもしれません。

ミルコ　やだー！　こわいー！

シーナ　で、旅行はどこに行きたいの？

ミルコ　えええっ⁉　旅行⁉

シーナ　さっき彼と旅行に行きたいって言ってたじゃない！　もう忘れたの？

ミルコ　忘れてはいないけどー！

シーナ　うーん、そうだなあ。どこに行きたいかなあ〜。

シーナ　何よ。場所も決めてないの？

ミルコ　だって、旅行に行けるかどうかも決まっていないのに。むしろ行けない確率のほうが高いっていうか〜。

シーナ　ほら、また現実を見てる！　願うのが先、現実はあとー‼

ミルコ　いたーー！

カナウ シーナさん、暴力はお控えくださいね。ミルコさん、「思考が先、現実は後」という言葉を聞いたことはありませんか？

ミルコ 聞いたことはありますけど〜。

カナウ 現実をつくっていくのは、自分の思いなんです。ミルコさんが「行きたいけど、きっと行けないだろうな」と思っていたら、その通りの現実がやってきます。一緒に旅行に行くお相手が、今ミルコさんが好きな彼かどうかは、僕にはわかりません。ですが、きっと必ず素敵な人と旅行に行ける。そう願って素直に信じてみるのもいいのではないですか？

シーナ よし！ じゃあ、どこに行く〜？

ミルコ 旅行のパンフレットがいっぱい⁉

シーナ 私は水戸に行って、水○黄門聖地巡礼の旅にしようかしら♡ 由美かおる卒業記念よ！

ミルコ そんなに熱烈に水○黄門を⁉

カナウ　僕は、ヨーロッパがいいですねえ。イタリアに行って、本場のピザを食べてみたいです。

シーナ　あら、いいわねえ。

ミルコ　私は、どこがいいんだろ〜。やっぱり外国とか超高級ホテルとか、選んだほうがいいのかな？

カナウ　高級志向じゃなくてもいいし、豪華旅行にこだわることはないんですよ。飛行機のファーストクラスで行く旅行だけが幸せとは限らないし、時にはのんびりと各駅停車の電車に揺られて向かう旅に幸せを感じることもある。本当にミルコさんが行きたいと思うところでいいんです。

シーナ　やれやれ、前も高いものを選べばいい、って勘違いしてた女がいたわよねえ。自分が行きたいところなら、どこでもいいのよ！
でもねえ、これだけは言っておくわ。

ミルコ　なになに〜？

シーナ　Ｗｉ-Ｆｉ環境は必須よー‼

ミルコ　いや知らないしー！

シーナ　じゃあ、今からお泊まりグッズを買ってらっしゃい！

ミルコ　急ー!!

シーナ　いい？　**なんとなく買うんじゃなくて、彼とのお泊まりを妄想しながら選ぶのよ！**　はい、行ってこーい！

ミルコ　何が何やらわからないけど、行ってきますー！

チャンスを待たずに、パンツを買え？

……30分後。

ミルコ　ただいま〜。

シーナ　やっぱり水○黄門の聖地といえば、偕楽園は外せないわね〜。

ミルコ　って、まだ水○黄門の聖地巡礼の話をー!?

カナウ　ミルコさん、お帰りなさい。

シーナ　ちゃんと買ってきたー？　お泊まりグッズ。

ミルコ　買ってきました！　っていうか、お店でいろいろ見てたら、けっこう楽しくなっちゃって。

シーナ　ほら、ごらんなさい！　で、なになに？　どんなの買ってきたのよ？

ミルコ　やだー！　急に食いついてきたし！　んーと、お泊まり用のコスメと、可愛いポーチと……。あと、シャンプーは「彼はどんな香りが好きかな〜」なんて彼のことを思い浮かべながら選んじゃった。

シーナ　うんうん、それで!?

ミルコ　興奮しすぎて鼻息すごいな！　あと入浴剤と、歯ブラシセットと……そんなもんかな。

シーナ　パンツはー！！

ミルコ　パンツー？？

カナウ　……コホン。下着の話は置いておいて、ミルコさんがこれらのトラベルグッズを選んでいる間は確実に、「旅行に行く自分」になっていたんです。「行けたらいいな」ではなくて「行く」と決めている。

旅行に行けるチャンスを待っているだけじゃなくて、自分から先に動いてみるのにはとてもいい効果がありますよ。

シーナ 今度はパンツもちゃんと買ってくるのよ!!

ミルコ パンツはわかったからー！ でも、**実際に旅行に行くみたいで、お買い物楽しかったなあ。**あーあ、これが本当の予定だったらなあ。

シーナ ちっがーう!!

ミルコ えー!?

シーナ 「叶ったら幸せ」じゃないの！ 今、幸せを感じるから、願いが叶うの!!

ミルコ 今、幸せを感じる……？

カナウ　実際には旅行の予定は決まっていなくても、先ほどミルコさんがお買い物の時に感じていた「楽しい」という感情は本物だったはずです。

「だけどまだ予定が決まっていない」なんて思う必要はありませんよ。

ただウキウキ、ワクワクという自分の感情を大事にしてください。

まだ彼とそこまで親しくないとか、お金の問題も、ひとまず横に置いておいていいんです。

ミルコ　そうなんですか～？

カナウ　旅行がいつ叶うかどうか、そこまではわかりません。

ですが、**ウキウキ・ワクワクする「うれしい」「楽しい」という感情を感じるほど、同じ感情を味わえる現実がまた必ずやってきます。**

それは彼との食事かもしれないし、彼からのうれしいメールかもしれないし、臨時収入という「お金」の形でやってくるかもしれませんよ。

ミルコ　そういううれしいことがあって喜んでいたら、またうれしいことがやってくるってこと？

シーナ　そういうこと！　「いつか叶うといいな～」なんて現実が変わるのを待

っていたって、いつまでも変わらないわよ。現実が動くのを待っていないで、自分が先に動くの！

カナウ **「いつか」という口癖はやめて、「今」その願いを叶えるために自分にできることはないか考えてみる。**

ミルコ 自分の願いを叶えることができるのは、結局は自分だけなんですよ。願いが叶うのも叶わないのも、自分次第ってこと？

シーナ そう！「お金がないから」「時間がないから」「彼が××だから」なんて言い訳はいらないの。全部が完璧になるのを待っていたら、いつまでも願いは叶わないわよ。

まず今できることはないか探してみて、自分から動くこと！そうすることで、現実も動きだすの。だからね、まず……。

ミルコ ま、まず……？（ゴクリ）

シーナ 今すぐ、パンツ買ってきなさーい！

ミルコ は、はいー‼

叶ったた世界へ、今行こう！

かずみんよりひと言

えーっと、クレンジングと洗顔料とヘアバンドと……。

おっと！　失礼しました！

私も今、トラベルグッズの用意をしていたのですよ！

トラベルグッズを用意しているだけで気持ちは「旅に行く私」になって、楽しいんですよね～。


特に旅行が好きじゃない方でも、恋をしている人ならトラベルグッズの準備は必須です！

だって、彼の部屋に誘われて遊びに行ったら、そのままお泊まりになってウフフだったり、いつか必ずそんなことになっちゃいますから。

ミルコさんもきっと、パンツを買いに行ったことでしょう！

トラベルグッズの準備だけじゃなく、実際に空港などに行ってみるのもオススメ。

さまざまな国の人が行き交っていて独特の雰囲気がある、あの非日常感。

「非・日常」に自分を置くことは、引き寄せにかなり大きな効果がありますよ。

「願いが叶う」ということは、多かれ少なかれ「世界が変わる」ということです。


いつまでも「今いる場所」にいるんじゃなくて、

「叶った世界」に自分から飛び込むのです！


願いを叶える力があるのは、自分だけ。願いは「いつか叶う」んだけど、待っているだけじゃ、「いつか」は来ません。

叶った自分はどんな顔をして歩いて、何を考えていて、何を感じているか、叶った自分の先取り・なりきりごっこをしてみましょう。


「年収1億円の私」を叶えたいなら、「年収1億円の私」になりきってみる。

「年収1億円の私はここに住んでいるな」と思う場所があったら、その場所に今すぐ行ってみましょう！

そしてお気に入りのショップやカフェを開拓して、「そこにいる私」を当たり前にしていく。

「願いを叶えてから」じゃなくて、
願いが叶う前から「願いを叶えた私」になるんです。

願いを叶えた私は、どんな感情を抱いているか。

なんでもできる自由を感じているなら、今、自由を感じるんです。

食べたいものを食べて、行きたい場所へ行って、休日は好きな時間に起きて、好きな時間にお風呂に入りましょう。

なんて自由！

大人最高！

願いを叶えた私が「優雅〜」と感じているなら、今、「優雅〜」と感じるんです。

ホテルのラウンジでお茶してみたり、グリーン車に乗ってみたり、朝からのんびりお風呂に入ってみたり。

願いを叶えた私が安心感に包まれているなら、今、リラックスして安心するんです。紅茶をいれて味わって飲んでみたり、緑がいっぱいの公園に行ってみたり、お風呂にゆっくり浸《つ》かってみたり。

って、どんだけお風呂に入ってるんですか！

え？

今はそんなことをするお金も時間もない？

ちがーう！

「できない」前提で物事を見ていたら、結果も「できない」になってしまいます！

「これがこうなったら」
「あれがああなったら」
「あれさえあれば」

そんな**「できない理由」「叶わない証拠」探し大会はいりませんよ！**

「できない」を探すより、「この方法ならできそうかも」という「できる方法」探しを始めましょう。

「する」「できる」「やれる！」方向に意識を向けるんです。

そうすればちゃーんと、潜在意識がそれを叶えるための方法を探し出してくれますよ。

ちょっとあほになる

「願いを叶えた私」に今、近づいてみよう

第7章

脳の「現状維持システム」から抜け出せ！

同じパターン繰り返し編

ここは、とあるお悩み解決事務所「ヒキヨセルーノ」。

今日も悩める一人の女性がやってきましたよ。

あれ？

この女性は…。

謎野・オンナ

引き寄せと出会い、関連した本やブログを読みあさる毎日のアラフォー女性。

お金持ちになりたい！　と夢と妄想はふくらむものの、現状にもそこそこ満足しているためになかなか現実は変わらない。

旅行に行きたいが出不精という、めんどくさいタイプ。

妄想上手にゃ、ワナがある

カナウ　もう15時になりますけど、今日は相談者が来ませんね。このまま今日は誰も来ないかな……。しかし、どういうわけだか、私は眠くてたまりません。

シーナ　そうねえ。暇だからじゃない？　私もなんだか眠いから、眠気覚ましにあっちでDVDでも見てくるわ。

カナウ　わかりました。しかし、それにしても眠いです……ZZZ………

謎の女　こんにちは～。

カナウ　あ、はいっ！　ようこそ、ヒキヨセルーノへ。

謎の女　謎野・オンナと言います。

私、お金の引き寄せで悩んでいるんです。他の引き寄せはまあまあうまくいってるんですけど、どうもお金が苦手ジャンルみたいで。

カナウ　はい。ゆっくりお話をうかがいますので、シーナさんも呼んできます。

少々お待ちくださいね。

……1分後。

カナウ　すみません、シーナさんは今、「3年B組金○先生」のDVDを見ているそうで、終わったら来るそうです。

謎の女　金○先生ですか～。うふふ。

カナウ　ところで、オンナさんはお金の引き寄せで悩んでいるとのことですが？

謎の女　ああ～、そうなんです。お金は入ってくるんだけど、あっという間に消えてしまって手元に残らなかったり、お金が入ってきても、「もっと、もっと」と願ってしまって常に足りないと感じていたり。

なんでそうなっちゃうのかも、わかってはいるんですけどね～。

謎の女　と、言いますと？

カナウ　お金が手元に残らない。だから私はいつもお金の心配をしている。

今までそうだったから、きっとまたこの先もそうなる。

自分の中に、そんな強い思い込みがあるからです。

一時的にお金が「ある」生活が続き、現実が変わった！　と喜んでも、しばらくするとまた同じ現実を繰り返して「そこそこの生活」に戻ってしまう。「やっぱりこのパターンか……」ってがっくりくるんですよね～。

うふふ。

シーナ　このバカチンがー!!

謎の女　あら～、金○先生。

シーナ　わかっているのに同じパターンを繰り返す。それは結局、わかっているつもりだけど、できていないの！　本気で未来を変えようとしていないのよ！

謎の女 そうなのかな～？　私、本気でお金持ちになりたいですよ？

カナウ オンナさんはどういうお金持ちになりたいか、理想のお金持ち像のイメージはお持ちですか？

謎の女 ええ、もちろん。

私の頭の中では、銀行口座に6億円あるんです。そして好きなだけ本や漫画を買って、家には大きな本棚付きの書斎があって、基本的には家でのんびり過ごしたいけど、気が向いた時には旅行に行っちゃったりして、「好きなことを好きなだけしてもお金があり余る生活」なんてものを妄想して、にやにやしています～。うふふ。

カナウ 妄想も具体的だし、感情も伴っているようですね。

謎の女 うふふふ。私、妄想には自信がありますから。引き寄せも、なかなかの腕前なんですよ。

シーナ あなた今、「妄想に自信がある」って言った？

謎の女 ええ、それはそれはもう。

シーナ 原因はそれよー‼

謎の女　ええー⁉　妄想上手がまさかの仇《あだ》にー⁉

シーナ　「こうなりたい」の未来もしっかり妄想できている。だけど、**「そこそこの生活」も臨場感たっぷりに、頭の中で思い出しているんじゃない？**

謎の女　う……。

シーナ　〝過去〟と〝今〟は「そこそこの生活」なんでしょう？〝今〟はとってもリアルだし、〝過去〟を思い出しても、それは実際に起きた出来事だから、リアルに自分の感情も思い出せる。あなたのように妄想が得意な人なら、なおさらよね。

謎の女　妄想が、自分の未来をつくることはわかっているんです〜。臨場感たっぷりに過去を思い出せば思い出すほど、それは未来をつくる行動になるって。

カナウ　そうですね。**過去に起きた出来事は、その出来事がいいことであっても嫌なことであっても、一度経験しているから感情をリアルに感じやすい。**その感情が引き金となって、また同じ現実が繰り返されることはありますね。

謎の女 今、お財布や銀行口座に十分なお金があったとしても、「お金がなくなった時」のシーンをはっきりと思い浮かべてしまう。そしてまた、その「思い」通りにお金はなくなり、「そこそこの生活」が繰り返されるパターンなんですよね〜。

シーナ ぼーっとしすぎだ、コンニャロー！

謎の女 いてー！

シーナ 確かにいつもぼけーっと妄想はしていますけどもー⁉
人の無意識を甘く見ないでちょうだい！　ホメなんとかに、コンなんとかの力よー‼

謎の女 うふふふふ！　さっぱりわからんー！

カナウ ……コホン。
シーナさんが言いたいのはきっと、ホメオスタシスにコンフォートゾーンのことですね。
ホメオスタシスは簡単に言うと、安全な状態を維持しようとする働きのことです。そして、〝自分にとって一番快適な場所〟がコンフォートゾーンです。

オンナさんは、**お金の引き寄せが苦手だという自覚があり、「そこそこの生活」に慣れきっているのかもしれません。**

謎の女　それは、確かに……。否定はできないですけども～。

カナウ　「そこそこの生活」を願っているわけではないけれど、大きく否定するほどでもない。「そこそこ」の幸せはある。

オンナさんにとってのコンフォートゾーンが「そこそこの生活」になっているんです。そこから抜け出す必要がありますね。

シーナ　「6億円を持っている私」をコン……コン……「ちょうどええとこ」に持っていくのよー！

謎の女　コンフォートゾーンって言うの、あきらめました？

シーナ　**自分にとっての「ちょうどええとこ」が「そこそこの生活」になっているから、お金が入ってきても「そこそこの生活」に戻ろうとして、すぐに使い果たしてしまうのね。**

謎の女 **そして、「いつもの自分の状態に戻れた〜」なんて安心しているのよ！**
だけど、「6億円がある私」もしっかり妄想できているはずですよ〜？

シーナ もっとよ！　もっと「6億円がある私」になるの！

謎の女 もっと？　妄想を？

カナウ オンナさんは妄想は十分できているのかもしれませんが、実際に行動もしてみるのはどうでしょう？
「6億円がある自分」ならどこへ行くか。どこで食事をするか。どんな物を身につけているか。どんなことを考えているか。

シーナ グリーン車！　ファーストクラス！　高級レストラン！　5つ星ホテル！　ちょっといいお肉！　銀座！

謎の女 なんか高級な感じのものを並べたー!?

「6億円を持つ私」になる方法

シーナ 高級で豊かな感じに慣れていくの！

自分の「ちょうどええとこ」を「ザ・豊か」にするのよ！

どうせ、近場のレストランやショッピングセンターのフードコートで「幸せ〜」なんて言っているんでしょう！

謎の女
うふふ、バレました〜？

カナウ
近場のレストランやフードコートを否定しているわけではありませんよ。

幸せを感じていると、また幸せがやってくるのも本当です。

だけど、そういう場所ばかりでなく、より豊かさがあふれている場所に足を運んでみるのもいいかもしれません。

面倒だと思っても、何度も行って「そこにいる自分」に慣れていく。

今のコンフォートゾーンを脱出するんです。

オンナさんがお得意の妄想と、これらの行動が一致することで、コンフォートゾーンは確実に変わっていくと思いますよ。

謎の女
豊かな場所かあ…。うふふ、そう言われると、あんまり行っていないかもしれません〜。

カナウ
「見せかけだけの豊かさ」ではなくて、「本当の豊かさ」を身につけてくださいね。
美術館だったり、クラシックコンサートだったり、お芝居を見に行ったり。スポーツ観戦や、自然がいっぱいの公園に行くことに「本当の豊かさ」を感じるなら、それがオンナさんにとっての正解なんです。

シーナ　6億円あるのが当たり前の自分になったら？値引きされているシナシナの野菜を買う!?

謎の女　か、買いません～。

シーナ　暇な時は何をする!?

謎の女　本や漫画を読んだり、映画を見たりかな～。

シーナ　ブランド物のバッグは買う？

謎の女　うーん……それほど興味ないです～。

シーナ　お肉はいいヤツを買う？

謎の女　うふふ、買うー！

シーナ　金ピカの黄金風呂にする？

謎の女　しない！

シーナ　毎日キャビアとフォアグラを食べる？
謎の女　食べません！　毎日食べたいのはご飯とお味噌汁です！
シーナ　グリーン車に乗る？
謎の女　乗る！
シーナ　「6億円がある私」を思い浮かべた時に、真っ先に浮かぶ映像は何？
謎の女　えーっと……自分の理想の家に住んでいて、南の島の海辺でトロピカルジュースなんて飲んでいて、大好きなショッピングモールにウン十万円持っていって「アレもコレも買える♪」とウキウキお買い物しているところ！
シーナ　朝起きたら、なんて思う？
謎の女　あ、朝起きたら？　え、えーっと、「今日も幸せ～！」。
シーナ　ぼーっとしてる時、どんなこと考えてる⁉
謎の女　ぼーっとしてる時……「次はどこへ旅行に行こうかな～」。
シーナ　それを今、やるのよー‼
謎の女　は、はいー！

カナウ **「今の自分」と「6億円がある自分」で変わるものもあれば、変わらないものもありますね。**

変わるものがあれば、できる範囲で今から変えていけばいいし、〝今〟も〝お金持ちになってから〟でも変わらないものは、「豊かな波動」を出しながら行動していけばいいのです。

謎の女 なるほど〜。

6億円あってもきっと、毎日ご飯とお味噌汁は食べてるし……。お金がないからご飯とお味噌汁を食べているわけじゃないですからね〜。

シーナ そう！　ご飯を食べている時も、金ピカじゃないお風呂に入っている時も、6億円の私になれる。

これからは新しい物語を脳内スクリーンに写すのよ！

謎の女 ええ？　物語？

シーナ 「6億円の私」の物語を、何度も頭の中で再生するの。

〝過去〟と〝今〟よりも「望む未来」を何度も何度も再生することで、現実はそっちに寄っていく。

あなたが今まで頭の中で再生していた「そこそこの生活」はもう上映終了よ！　満員御礼！　ありがとうございましたー！

謎の女　うふふ、ありがとうございましたー！

カナウ　**油断すると、脳は「現状維持」を最優先してしまいます。**妄想も実際の行動も、何度でもやってみてくださいね。

謎の女　はい〜。恋愛系の妄想よりも、お金系の妄想はそこまで力が入っていなかったのかもしれません。

カナウ　今は「そこそこの生活」を頭に思い浮かべた時は臨場感たっぷりに、リアルに感情を感じてしまうと思います。ですが、「6億円の私」が自分の中でコンフォートゾーンになった時には、「そこそこの生活」を思い出しても違和感を感じてきます。そうなったら、コンフォートゾーンが変わってきたサインですよ。

現実はまだ大きく変わっていないとしても、「6億円の私」がオンナさんの中で本当の姿になっているんです。その頃には少しずつオンナさんを取り巻く環境も現実も、変わっているはずですよ。

シーナ　**過去や今のデータよりも、まだ目に見えない未来を信じるの。**

〝今〟のリアルさに負けないで、望む〝未来〟をリアルに感じてみる。妄想が得意なあなたなら、わかるでしょ？

謎の女　うん……わかります〜。

シーナ　新しい物語の中にいる自分が、本来の自分がいるべき場所だと思えてくるから。頭の中で何度も何度も、新しい物語を再生するのよ！

謎の女　わかりました！

脳内の物語と同じように、本当の私も6億円の私になってみせますからね！

カナウ　はい。楽しみにしていますね。

シーナ　あなた、今仕事はしてるの？

謎の女　いいえ、主婦です。だけど小さい頃からずっと書くことが好きだったから、ブログでも始めようかなあ、なんて…。妄想ブログなんてどうかなあ。

うふふふ。

シーナ　あなたのブログが完成したら、私見に行くからね！

謎の女　うふふ、ありがとうございます。

あ、それから私の本当の名前なんですが…。

シーナ　え？　本当の名前？

謎の女　かずみんと言います。うふふふ〜。

……ZZZ……

カナウ　あれ？　オンナさんは？　あれ？　シーナさん???　シーナさん!!!

シーナ　なによ、そんな大きな声で呼ばなくても、ここにいるわよ！
あー、つい、うとうとしちゃったわー。夢の中でまで相談者にアドバイスしてるだなんて、仕事のしすぎだわ……。

カナウ　僕も相談者の夢を見てました。シーナさんもですか？

シーナ　そう。謎野・オンナさんって言ってたかな？　おかしな名前よね〜。

カナウ　えっ？　僕の夢と同じ？

あ、えっ？　けっこう時間がたってるはずなのに、なんでまだ15時？

シーナ　えっ？？？

カナウ　え――――っ？？？

……しーん……

かずみんよりひと言

叶えたい世界が、自分が本当にいるべき世界

あらまあ！　過去の私が「ヒキヨセルーノ」にお邪魔していたようですよ！

シーナさんは約束通り、私のブログを読んでくれたでしょうか。うふふふふ！

さて、ちょっぴり厄介な脳の「現状維持システム」。

過去の私は「お金」に対する思い込みでしたが、何度も同じ失恋パターンを繰り返してしまったり、ダイエットをしてもすぐに元の体型に戻ってしまうのも「現状維持システム」の働きです。


さて、ここで私らしからぬ少し難しい言葉を使いますよ！

「ホメオスタシス」（恒常性）とは、環境の変化を受けても常に「もともとあった安定した状態」を維持しようと働いてくれている機能のこと。

そしてこの「ホメオスタシス」を基準にして、自分にとってのコンフォートゾーン

（シーナさんが言う「ちょうどええとこ」ですね！）を作り出します。

潜在意識は変化を嫌うので、今の「コンフォートゾーン」にとどまることを最優先します。

余計なお世話だと怒ってはいけませんよ！

潜在意識はいつもの自分を全力で守ろうとしてくれているナイトなのです。

ですが、今の現実に満足していないのであれば、このコンフォートゾーンを抜け出す必要がありますよね。

「ありがとう」と言いたいのになかなか人に言えないのも、「ありがとうを言わないこと」がコンフォートゾーンになっているから。

貯金をしたいのに、貯金をしてもなぜかすぐに何らかの出費でその貯金がなくなってしまったり、衝動買いを我慢できずにすぐに使い果たしてしまうのは、「貯金がないこと」がコンフォートゾーンになっているからなのです。

本当は「ありがとう」と言いたい！

本当は、貯金をしたい！

それならば、ここはひとつ踏ん張って、コンフォートゾーンを抜け出す覚悟を決めましょう。

今のコンフォートゾーンは、過去の自分の体験や人から言われた言葉など、さまざまなデータからできあがったものです。

コンフォートゾーンを変えるには、「願いを叶えた私」（＝なりたい私）を新たなコンフォートゾーンに設定すること！

第6章の現実・ミルコさんの「今、なる」と重なりますが、

いつも願いを叶えた私になりきって歩いて、
ご飯を食べて、考える。

「いつも行き慣れている場所」ではなくて、
願いを叶えた私が行くであろう場所に行ってみる。

それは高級住宅街ですか？　クラシックコンサート？　スポーツジム？　回らないお寿司屋さん？

行き慣れていない場所なら、最初は落ち着かないかもしれません。

お尻がムズムズしますね！

例えば、本当は家で食べる納豆ご飯が大好きな私だけど、高級レストランのディナーに行ってみたとしますよ。

美味しかったけど、落ち着かなくてソワソワした。だから私は高級レストランじゃなくて、家で食べる納豆ご飯のほうがいいや、はちと違う！

それは自分に合っていないのではなくて、まだ慣れていないだけ。

慣れていない場所に行ったら、居心地悪く感じるのは当たり前です。だからって一度きりの体験で終わらせてしまうのは、もったいないですよ！

料理が美味しかったのなら、また何度でも行きましょう。そして高級レストランを自分にとっての当たり前の場所＝コンフォートゾーンにしていくのです。
そしてもちろん、高級レストランがよくて家で食べる納豆ご飯がダメだということではありません。両方好き、でいいのです。高級レストランも、公園で食べる手作りのおにぎりも、どちらもごちそうです。

場所だけじゃなく、食べるものやよく口にする言葉、体験なども変えていきましょう。

場合によっては、不安や恐怖を感じることもあるかもしれません。
そこを、えいっ、と一歩飛び出して、思い切って「私グレードアップ祭り」を開催してみるのです！

願いを叶えた私が入りそうな憧れのあのお店で洋服を買って、あの美容院を予約して、あのレストランで食事をして、あのホテルに泊まる。
普段使っているティッシュやトイレットペーパーを上質なものに変えてみたり、入浴剤にこだわってみる。

数百円の出費でも、私グレードアップはできるのです！

いきなり大きなことをやろうとして「できない……」と何もしないよりも、まずは10でも20でもやってみる。そして「私グレードアップ祭り」を楽しんでください！

自分の「当たり前」にしたいのは、どんな世界ですか？
「貧乏」？「お金があり余る生活」？「孤独」？「彼から愛される毎日」？「周りの人が笑顔の世界」？
望む世界に意識を向ける。
叶った私になって行動をする。
そうすることで、**自分の中の「当たり前」が変わっていく**のです。

「6億円の私」を夢見ていた私ですが、ブログを書き始めてから「自分の本を出したい」

という願いが生まれました。そして私は、ブログのアクセスが少ない頃から「人気ブロガー兼作家」になりきって過ごしていたのです。

ただの主婦が出版なんて難しい？

アクセスが少ないから本なんて出せない？

知らん！

今の現実がどうであろうと、私の頭の中に住んでいる「人気作家の私」をリアルに感じ、普通の主婦である現実を生きながらも「人気作家の私」を自分の中の「本当」にしていく。

そんな妄想を繰り返しながら、「人気作家になること」を自分の中でスッと受け入れて、「人気作家の私」をコンフォートゾーンにしていったのです。

そして私の出版の夢は叶い、次々と出版企画もいただいている「妄想通り」の毎日です。

おっと！

「人気作家」だなんて厚かましいですね！

ですが、こんなド厚かましさが、引き寄せをよい方向に向かわせてくれることもあるのですよ。

シーナさんとの会話で私が言っていた「大好きなショッピングモールにウン十万円持ってお買い物」も叶いました。次は「ウン百万円」をコンフォートゾーンにしましょうか！

うふふふふ！

私の夢はまだまだこれからも続きます。

「6億円の私」になる日も近いですよ！

ちょっとあほになる

えいっと一歩踏み出して、「私グレードアップ祭り」を開催しよう

エピローグ

「ヒキヨセルーノ」の、とある一日

実は…の過去バレ編

きっかけは、あれでした……

カナウ　おや、シーナさん、今日のDVDはまた一段と古いですね。

シーナ　そう？　「太陽にほ○ろ」よ。

カナウ　お客様が来ると、こうやってDVDを見ているフリをしながら、本当はいつもひっそりと耳をそばだてて真剣に話を聞いている。僕は知っていますよ。

シーナ　なんだ、バレてた？　だって、こんな派手な女が座っていたら、初めて来た人は恐縮しちゃって、言いたいことも言えなくなるじゃない。最初はあなたみたいに真面目ぶってる人が話を聞けばいいの。

カナウ　ふふふ。真面目ぶってる、ですか。

シーナ　私、悔しいけどみんなの気持ちがわかっちゃうのよね〜。ほら、自分の願いがわからなくて、お金の使い方も知らなかったあの子。

カナウ　ワカラ・ナイ子さんですね。

シーナ 私も昔は、自分が何を欲しいのか、どうなれば幸せを感じるかなんて、ちゃんと考えたことがなかった。お金を使う時だって、「金額がどうか」「人から変に思われないか」、そんなことばかり気にして、「自分がどうか」はほったらかしだったのよね～。

カナウ 僕もそうでしたよ。見栄を張るために、特に興味もない高級なものを買ったり、日頃の我慢や不満を解消するために欲しくもないものを買ったり。そんなことをしても心が満たされるはずもなく、お金も減っていくばかりでした。

シーナ やっぱりあなたもそうだったのねえ。

カナウ 一度、どうしても食べてみたいものがあって、有り金をはたいて海外まで行ったんです。

シーナ あら、思い切ったわね。

カナウ そうしたら、旅行から帰ってきてしばらくした後に、祖父からお小遣いをもらっちゃいました。ちょうどその旅行代と同じくらいの、お小遣いとはいえないほどの大きな額だったので驚きましたが。

シーナ　私も、自分が本当に欲しいものを買う！　って決めると、不思議と仕事が入ってきたり、宝くじがちょこっと当たって臨時収入があったの。
お金を使う前に、その分のお金が先に入ってくる場合と、お金を使った後にお金が戻ってくる場合と、両方のパターンがあるのが面白いところよね〜。

カナウ　そうですね。本当に自分が必要としているものを買う。本当に自分が体験したい経験にお金を使うと、不思議とお金は入ってくるものです。でも、僕は勇気が出ないうちは、金額が少ないものからやっていましたよ。

シーナ　私だってそうよ。100円の板チョコが食べたい時は、板チョコ。高級チョコの時は高級チョコをえいっと買ってみる。1箱3000円の高級チョコを買ったって、お金がすぐになくなるわけじゃない。そう思って少しずつ自分が本当に欲しいものを買えるようになっていったの。

カナウ　ワカラ・ナイ子さんも上手にお金を使って、お金と仲よくなっているといいですね。

シーナ　あとさあ、あのクソ真面目くん。

カナウ 真面目・スギルさんですね。僕も、彼とまったく同じでしたよ。「こうじゃなきゃいけない」「こうしなきゃいけない」と思いすぎていて。

シーナ あら、そうなの？ あなたはただ真面目ぶってるだけかと思ってたわよ。

カナウ 本当に真面目ぶっているだけならよかったんですけどね。僕は今もずっと、頭がカチカチの真面目オトコなんですよ。

でも、だからこそわかることもあるし、できることもある。真面目な奴が「真面目」をプラスに変えることができた時、それはとんでもない引き寄せパワーになるんです。真面目・スギルさんもそれをパワーに変えているといいですね。

シーナ あら。それを言うなら私だってニセシンデレラだったんだから。

ほら、あの現実ばっかり見てた子と同じ。

カナウ 現実・ミルコさんですね。

シーナ 私も、人のことばかり気にして自分のことはほったらかしで、悲劇のヒロインごっこを長い間してたから。

我慢すればいいことがある、努力していれば幸せになれるなんて、そんなこと思っててさ。笑わせるわよねー！

カナウ　でも、我慢したからいいことがある、努力したから幸せになれると思っていたら、いいことも、幸せもやってくるんじゃないんですか？　現実をつくっていくのは「思い」ですから。

シーナ　自分を大切にする「我慢」や「努力」ならよかったんだけどね。
私のはそんなんじゃなくて、「こんなに頑張ってるんだから私を幸せにしてよ」っていう要求だけだった。「欲しい、欲しい」って求め続けていたから、求め続ける毎日が叶っていたのね。

カナウ　「欲しい」と求めることも必要ですが、求めているだけでは叶わない。今、目に見える現実より、目に見えないものを信じなきゃいけない。
ここが難しいところなのかもしれませんね。

シーナ　願いが叶ってから奇跡を信じるんじゃなくて、奇跡を信じるから願いが叶う。信じられなくても、きっと本当はみんな信じたいと思ってるんじゃないかな。
不安になったら、また信じようとしてみる。また不安になったら、もう

カナウ 一度信じると決める。その繰り返しなのよね。現実・ミルコさんも、少しずつそれができていくといいですね。

シーナ 大丈夫、ちゃーんとみんなできるようになるわよ。だって、この私もはじめはうまくできなかったんだから。

カナウ シーナさんも、引き寄せをできなかった人なんですか？

シーナ もちろん。

カナウ では、何をきっかけに、今のシーナさんができあがったんですか？

シーナ そう、あの日も「太陽にほ◯ろ」のＤＶＤを流し見しながら、とあるブログを見てたの。そしたら……。

〜回想〜

シーナ なんじゃこりゃあああああ！

シーナ 「好き」だけですべて引き寄せられる。
現実は知らん。
一生懸命ちゃんとしない。
引き寄せを難しく考えていた私はなんだったの？　って思ったわよ。
こんなんでいいのかって腹も立ったけどね。

カナウ あ、僕も少しずつ変わり始めたのは、すごくふざけたブログを見てからですよ。
確かブログのタイトルは……「妄想は世界を救う」。

シーナ え？　私もそのブログがきっかけなんだけど！

カナウ あれ？　そういえばこのブログを書いている「かずみん」って……。

シーナ え？　確かあの時、ブログを書いてみようかって言ってた？

カナウ あれ？

シーナ あれ――――!?!?!?

みんな、そこまで来ています

おや？　そこを歩いているのは、ワカラ・ナイ子さんではないですか？

あっ！　あの高いバッグを大事そうに持っていますね。

前よりも少し痩せて綺麗になったナイ子さんは、自分を大切にするお金の使い方がわかったのかもしれません。

ん？　男性を見つけてうれしそうに手を振っていますよ！

自分を大切にしていたら、

「大切なもの」を見つけたのですね。

あれ？

旅行代理店のカウンターにいるのは、現実・ミルコさんですよ。旅行代理店にいるということは、旅行に行くのでしょうか。

あの時買ったお泊まりグッズを使う時が、本当にやってきたのですね！

あれ？　横にいるのは男性ですね。これが例の彼かどうかはわかりませんが、ミルコさんはとっても楽しそうで幸せそうです。

夢見ていた「いつか」がやってきたのですね。


んん？

あそこの本屋さんにいるのは、真面目・スギルさんではないでしょうか。

そういえば読書が好きだって、いつか言っていましたね。

隣にいる可愛らしい女性と楽しそうに笑っていますよ！　これが例の、いつも

コーヒーをいれてくれる優しい女性でしょうか？
「嫌い」よりも「好き」に意識を向け、日々の「幸せ」を見つめ続けていたら、「好き」も「幸せ」もやってきたのですね。

おっと？
その本屋さんにたくさん並んでいる本の著者は……かずみん！
正体は、あの時現状維持システムに悩んでいた謎野・オンナさんでしょうか。
「いつもいる場所」から抜け出して、世界を変えたのですね！
あ……、「かずみん」の本を手に取ってくれた方がいますね。

そう、今この本を読んでくれているあなたです。

あなたもきっと、
すべての願いが叶う時が来ます。

「引き寄せ」の正解は1つだけではありません。
うまくいかなかったからといって、そこですべてが終わるわけでもなし！
読んだだけでは何も変わりません。
未来を大きく変えてくれるのは、毎日の「ちょっとしたこと」です。
とりあえず、やる。
そして、続ける。
疲れたら、寝る。
そしてまた、やる。

夢見ることを、楽しんでください。
夢が現実になる日は、すぐそこまで来ています。

おまけ

シーナさんの課外授業

実践！
31のワーク

はい、いきなりだけど課外授業を始めるわよー！

ここでは、誰もがもともと持っている引き寄せ力を、
さらに！　パワーアップさせるために、

「今、幸せを感じる」

「少しホッとする」

「あほになる」

そんなスキルを身につけるために効果的な行動を、
31個（そう、1ヶ月分！）用意したわよ！

パラパラっとページをめくってみて、
やってみよう！　と気分が上向きになったらやってみてちょうだい。

「やらなきゃ！」じゃないわよ！

「適当に楽しみながら」が大事だからね！

おまけ　シーナさんの課外授業

1日め
深呼吸する

ピンクもしくはあなたが好きな色の空気を体いっぱい吸い込むところと、自分の中のどす黒いものを思いっきり体の外に出すところをイメージして深呼吸。

どす黒いものの1つや2つ、あるでしょ？

2日め
空を見上げる

今日見ている雲の形や空の色は、昨日とは違う。今日の空は今日しか見られないレア物よ！

下を向きながら歩く姿より、空を見上げて「綺麗だなあ」と微笑んでいる姿のほうが美しいわ。

3日め
好きな人にメールする

好きな異性でも、友達でも、両親でもあなたが好きな人にメールしてみて。好きなブロガーさんにメッセージを書くのでもいいわよ。

「いつもありがとう。お疲れさま」という温かい気持ちを届けてみて。

4日め
好きな場所に行く

お気に入りのカフェでも、近くの公園でも、川沿いでも、ディズニーランドでも、空港でも、好きな人との思い出の地でも、どこでもよし！　とにかく好きな場所に行ってみましょう。

5日め
寝る

6日め
ただ「美味しい」と感じながらケーキを食べる

「太っちゃうかも」

「肌荒れしちゃうかも」？

知らん！

食べるなら、
幸せを感じながら食べること！

7日め
何もしない

8日め

さあ、妄想しよう

余計なことは考えないで。
ただ「こうなったらいいな」
と思う世界に、旅立ちましょう。

9日め

笑う

笑えるようなことがない時も、
お笑い番組をつけてみる。
お笑いのＤＶＤを借りてくる。
そこで「フフっ」と笑えたら、
あなたはまだ大丈夫よ！

10日め

お風呂の湯船につかって「ああ〜」と言う

11日め

何もしない

12日め

「本当に気に入ったもの」を買う

安いものじゃなくて、無難なものでもなくて、「自分が本当に好きだと思ったもの」を買いに行くの。

ちょっとぐらい高くったって、それが本当に気に入ったものなら、お金はちゃーんと返ってくるから大丈夫！

13日め

「月が綺麗だね」と誰かに言ってみる

大好きな人や、とても大切なあの人に伝えてみて。

月でも、虹でも、空の青さでも。

どうしても照れくさいなら、心の中で伝えるのもいいんじゃない？

「ほら見て。月がとっても綺麗だよ」って。

14日め

寝る

15日め

昨日よりあほになる時間を30分増やす

真剣に、真面目に、

昨日よりも少し

あほになってみるのよ！

16日め

「想像した世界が現実になる秘密道具があったら」と妄想してみる

17日め

「どうしたらいい？」じゃなくて「どうしたい？」を選ぶ

正解を探そうとするのではなくて、
自分の「これをしたい」を選ぶべし！

18日め

「オモロイこと探しゲーム」をする

「面白いことがあったらいいな～」
ではなくて、
面白いことも、楽しいことも、
幸せも、きっともう、すでにある。

19日め

ダンスのボックスステップを踏む

上手とか下手とか、
そんなん、どうでもいい。
自分が楽しくなればいいの！
さあ、踊るわよ～。

20日め

さあ、妄想しよう

なんでも買える世界。
どこにでも行ける世界。
大切な人が隣にいる世界。
さあ、なんでも叶う世界に旅立とう。

21日め

自然に触れる

山に、海に、川に。
それが無理なら近くの公園の木や花に。
自然のパワーは
すんご〜いいんだからね!

22日め

今から1時間、好きなことしかしない

好きな本を読む、好きな音楽を聴く、
好きなタレントさんを見て
にやにやする、
好きなものを食べる、絵を描く。
「好き」しかない1時間を過ごしてみて。

23日め

「できない」「わからない」にもOKを出す

「できない」「わからない」で
何が悪い!
「できる」ことをやればいいだけ。

24日め

スキップする

25日め

全力で「ある」を感じてみる

スマホある！　着てる服がある！
財布に1円以上ある！
水がある！　空気ある！
わーお！

26日め

ゴロゴロする

27日め

「私ベストテン」を作る

私のいいところベストテン！
おおーっと！
3位に「人を褒めるのが上手」が
ランクイン！
1位常連の「よく笑う」に
迫る勢いだー!!

28日め

何もしない

29日め

行進する

シェイプアップになるし、
無駄に楽しい気持ちになるし、
一石二鳥ね！

30日め

寝る

31日め

大好きな人を思い出して、
にやにやする

「好き」こそ最強パワーよ!!

お悩み解決事務所
ヒキヨセルーノ

参考文献

『コンフォートゾーンの作り方』苫米地英人（フォレスト出版）

［著者］
かずみん
1978年、京都府生まれ。スピリチュアルや自己啓発とはまったく縁のない生活を送っていたが、2015年に奥平亜美衣さんの著書に出会い、そこから引き寄せ、潜在意識の世界に足を踏み入れる。自分自身も無意識のうちに引き寄せを使ってさまざまな成功を収めていたことに気づき、その体験をブログに書き始めたところ、「等身大でわかりやすい」と支持を得て、ブログランキング上位に入る。趣味は読書と温泉旅行、そして妄想。著書に『ありえない「妄想」でお金も恋も引き寄せる！』（秀和システム）がある。

ブログ「妄想は世界を救う。～妄想万能説～」
http://ameblo.jp/kazuminhappiness/

「頑張らない」で引き寄せる！
――願いが叶う、ちょっとあほになる方法

2018年11月21日　第1刷発行
2018年12月10日　第2刷発行

著　者――かずみん
発行所――ダイヤモンド社
〒150-8409　東京都渋谷区神宮前6-12-17
http://www.diamond.co.jp/
電話／03･5778･7234（編集）　03･5778･7240（販売）
装丁――――斉藤よしのぶ
イラスト――藤井昌子
編集協力――野本千尋
DTP制作――伏田光宏（F's factory）
製作進行――ダイヤモンド・グラフィック社
印刷――――堀内印刷所（本文）・加藤文明社（カバー）
製本――――宮本製本所
編集担当――酒巻良江

ISBN 978-4-478-10697-6